特別支援教育の
視点で考える

新学習指導要領
ポイントブック**2**

ソーシャルスキルトレーニング(SST)
ワークシート集

宮﨑 英憲 監修

齋藤 忍 著

付録 CD-ROM
すぐ使える！
アレンジできる！
SSTワークシート
111

ジアース教育新社

JN050320

発刊によせて ～監修のことば～

「ソーシャルスキル」とは、端的に言えば、対人関係や集団行動を上手に営んでいくためのスキル（技能）のことである。このスキルは、多くの子どもの場合、生まれてから大勢の人たちと関わりながら身につけ成長していく。しかし、発達面にアンバランスのある子どもは、このスキルの習得が困難になりやすい傾向にある。社会生活だけではなく適切な対人関係を築くことが難しいため、スキル習得のためのトレーニングが必要になるとして、今日、学校教育の中で指導の在り方が大きな課題となってきている。

本書『特別支援教育の視点で考える 新学習指導要領ポイントブック２ ～ソーシャルスキルトレーニング（SST）ワークシート集～』は、著者の齋藤忍先生が、自閉症・情緒障害特別支援学級あるいは通級指導教室で指導に当たられた際に作成されたSSTのワークシートに加えて、十文字学園女子大学教員として特別支援学校等の教員養成に携わられた際に児童教育学科ゼミ学生と共に、大学の特別支援教育センターに相談に来る子どもたちの支援をする中で生まれたワークシートも含めて、学校現場の先生方に活用してほしいという願いから生まれた著作である。本書に先立って2019年に出版された『特別支援教育の視点で考える新学習指導要領ポイントブック みんなが分かる・できる・楽しい授業づくり』が、新学習指導要領（平成29年3月告示）のポイントを特別支援教育の視点からの解説に加えて、学習指導要領解説の各教科等編に示された配慮例ついて通常の学級の実践事例を扱った著作であったとすれば、その姉妹版として編集された本書は、特別の教科　道徳、特別活動、自立活動に関する解説をする中で、SSTの必要性とその具体的指導法を扱った著作といえる。

第１章「なぜ、今、ソーシャルスキルトレーニング（SST）なのか」は、新学習指導要領（平成29年3・4月告示）の解説（総則編、道徳編、特別活動編、自立活動編）から、SSTの必要性について言及している。第２章「ソーシャルスキルトレーニング（SST）とは」では、ソーシャルスキルの全体像とその具体的展開について、子供たちの視点に立って記述している。第３章「ソーシャルスキルトレーニング（SST）ワークシート集」は、CD-ROMに収録されているワークシート集の内容・見方を示している。本書の最大の特徴といえる章であり、ソーシャルスキルの習得に何らかの困難を抱えている児童生徒への具体的な支援の仕方について、困難さの状態・指導の意図・手立て等が具体的に紹介されている。個々の事例はコンパクトにまとめられており、その取組事例は、著者自身の研究実践の蓄積によるものである。

本書は、小中学校における通常の学級の担任、通級による指導担当者、特別支援学級の担任等、学校現場の先生方、更にはこれから学校現場で教職に就こうとする学生さんの学修支援に広く活用いただける内容となっている。全国の学校現場でソーシャルスキルの習得に何らかの困難を抱えている児童生徒の支援の一助として活用されれば幸いである。

東洋大学名誉教授　宮﨑　英憲

はじめに

　学習指導要領が改訂され、小学校では既に 2020 年度から、中学校では 2021 年度、高等学校では 2022 年度から全面的に導入となります。また、文部科学省の移行措置関連資料（文部科学省，2017）にあるように、総則に書かれている事項については、平成 30 年度及び 31 年度の教育課程の編成から新学習指導要領第 1 章の規定（第 1 章第 3 の 1（3）イを除く。）によるとされています。特別支援教育に関する事項は総則に示されていることから、既に各種学校において、様々な教育的ニーズをもつ児童生徒への支援が、新しい学習指導要領に基づいて展開されていることと思います。なお、新学習指導要領に示された特別支援教育に関する事項については、2019 年 6 月にジアース教育新社より出版された本書のシリーズ『特別支援教育の視点で考える新学習指導要領ポイントブック』にまとめましたので、併せて手に取っていただければ幸いです。

　さて、今回は、筆者が自閉症・情緒障害特別支援学級の担任として、また、通級指導教室の担当として作りためてきたソーシャルスキルトレーニング（SST）のワークシートを、より多くの現場の先生方に、より多くの子どもたちのために活用していただきたい ・・・ という思いから、再度見直し整理しました。その後、十文字学園女子大学児童教育学科に勤務し、特別支援学校教諭一種免許状の取得を目指す特別支援教育ゼミの学生と共に、大学の特別支援教育センターに相談に来る子どもたちを支援する中で生まれたワークシートも一部含まれています。

　1990 年代、名だたる研究者たちが日本に SST を紹介し臨床の場を立ち上げてから、既に 30 年が経過しようとしています。その間、筆者は、現場で日々発達障害のある子どもたちと関わりながら、上野一彦先生や岡田智先生をはじめ、多くの先生方が執筆された書物を読みあさり、手探りで SST の指導に取り組んできました。地域の研究会主催の授業研究会、町の特別支援教育担当者会等において、SST の理論と実践を紹介し、筆者の周りでは日々の授業に SST やその考え方・指導法を取り入れる先生方が徐々に増えていきました。SST を通して日々変容し、本来のその子らしさを取り戻していく子どもたちの姿が、教師の心を動かしたのです。

　ところが大学に勤務するようになり、特別支援教育センターの職員として、また、市の巡回相談カウンセラーとして、より広い地域の学校を訪問するようになって思ったことは、まだまだ SST の手法が現場の先生方に受け入れられていない、実践されていないということです。確かに、医療や福

通常の学級における道徳の授業
〜 SST の手法（モデリング）を生かして〜

祉等、障害のある子どもたちに特化された臨床の場では SST による指導を受けられる場と機会が増えています。しかしながら、日々、子どもたちが最も多くの時間を過ごし、子どもたちがありのままの姿を目の前で見せてくれる学校や教室で、たとえそれが特別支援学級や通級指導教室であっても、SST による指導が全く行われていないという現状を、とても残念に、そして何ともったいないことだろうと思うようになりました。そこで、本書では、既に素晴らしい研究者の手により世に出ている名著とは視点を変え、新学習指導要領に示された特別支援教育の視点から SST を再考し、現場の先生方に、「なぜ、今、SST なのか」をお伝えしようと思います。

拙著『特別支援教育の視点で考える新学習指導要領ポイントブック』にも書いたように、小中高等学校の新学習指導要領と同解説には、通常の学級で特別支援教育を展開するためのアイディアがたくさん例示されました。また、特別支援学校学習指導要領解説 自立活動編にも、発達障害のある子どもたちへの支援に役立つ配慮の例がたくさん示されています。それらを横に置きながら、本書を通して SST の手法を少しでも教育現場に取り入れていただけることを期待します。

　第 1 章では、小学校学習指導要領、同解説各教科等編、特別支援学校学習指導要領解説 自立活動編に示されている視点から、SST について再考し、「なぜ、今、SST なのか」について述べました。通常の学級においても、特別支援教育における様々な支援の方法が有効であることに、改めて気づいていただけることと思います。

　第 2 章では、自立活動の目標から、発達障害のある子どもたちに必要なソーシャルスキルについて考え、その展開の仕方とより楽しく展開するための視点をまとめました。SST の研究・理論的な部分については不十分なところも多々あるかと思います。ぜひ、著名な先生方の SST に関する書物等で、さらなる研究を深めていただければと思います。

　第 3 章には、先に述べたとおり、筆者の現場での教育実践や相談業務の中から生まれた SST のワークシートを掲載しました。ここには、生きた子どもたちの生の体験から生まれた数々のエピソードや、当事者である子どもたちのことばから生まれた支援カードなどが含まれています。付録の CD-ROM からプリントアウトし、日々の指導にご活用いただくとともに、先生方の実践から新たなワークシートや支援カード、問題場面のシナリオや教示用プリント、ゲーム等が生まれたならば、とても嬉しく思います。

　新学習指導要領、並びに、同解説各教科等編、特別支援学校学習指導要領解説 自立活動編を通して、SST による指導をより身近なものと感じていただくとともに、先生方のクラスから新たな実践事例が数多く生まれ、様々な困難さや生きづらさを抱えつつも、よりよく人と関わって生きていきたいと願っている子どもたちのもとへ、SST と笑顔が届くことを祈ります。

　2022 年 3 月

齋藤　忍

第1章　なぜ、今、ソーシャルスキルトレーニング（SST）なのか

第2章　ソーシャルスキルトレーニング（SST）とは

（第3章）ソーシャルスキルトレーニング（SST）
　　　　　ワークシート集

※　以下、CD-ROM に収録されているワークシートや資料の中から、一部実践を解説しています。このほかにも多数のワークシートや資料を収録していますので、「CD-ROM 収録データ タイトル一覧」（P.66）をご参照ください。

第1章

なぜ、今、ソーシャルスキルトレーニング(SST)なのか

1 小学校学習指導要領（平成 29 年告示）解説 総則編より

> 我が国においては、「障害者の権利に関する条約」に掲げられている教育の理念の実現に向けて、障害のある児童の就学先決定の仕組みの改正なども踏まえ、通常の学級にも、障害のある児童のみならず、教育上特別の支援を必要とする児童が在籍している可能性があることを前提に、全ての教職員が特別支援教育の目的や意義について十分に理解することが不可欠である。

　特殊教育から特別支援教育に移行して 15 年、発達障害の可能性への「気づき」から、「支援しつなぐ」時代となりました。先生方には、発達障害の可能性のある児童も含め、目の前の子どもたちの障害の種類や程度を的確に把握した上で、

　①　障害のある児童などの「困難さ」を理解し、

　②　「指導上の工夫の意図」を明確にもち、

　③　個に応じた様々な「手立て」を検討し、

指導にあたっていくことが求められています（図1）。

　こうした支援の対象となる子どもたちの中には、自分の意に反して、「友達がほしいのにできない」「友達と楽しくお喋りしたいのにうまくいかない」「気がつくと周りの人を不快な気持ちにさせてしまっている」と、日々悩んでいる子どもたちも少なくありません。そうした子どもたちの声に応えるために、「手立て」の一つとして SST の展開の仕方を理解しておくことは、とても有効です。

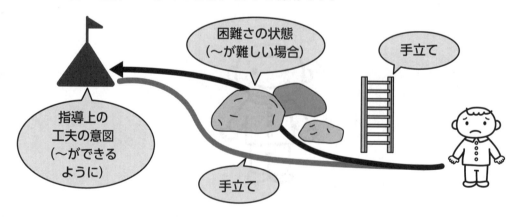

図1　指導方法の工夫における 3 つのプロセス

❷　小学校学習指導要領（平成 29 年告示）解説 特別の教科 道徳編より

【第 5 章第 2 節 - 2 （5）発達障害等のある児童や海外から帰国した児童、
日本語習得に困難のある児童等に対する配慮】

> 他者との社会的関係の形成に困難がある児童の場合であれば、相手の気持ちを想像することが苦手で字義通りの解釈をしてしまうことや、暗黙のルールや一般的な常識が理解できないことがあることなど困難さの状況を十分に理解した上で、例えば、他者の心情を理解するために役割を交代して動作化、劇化したり、ルールを明文化したりするなど、学習過程において想定される困難さとそれに対する指導上の工夫が必要である。

　今回の学習指導要領改訂では、総則のほか、各教科等においても、当該教科等の指導における障害のある児童などに対する学習活動を行う場合に生じる困難さに応じた指導内容や指導方法の工夫を計画的、組織的に行うことが規定されました。これらを参考にしながら、全ての教師が障害に関する知識や配慮等についての正しい理解と認識を深め、障害のある児童などに対する組織的な対応ができるようにしていくことが求められています。

　ここに示した配慮例は、小学校学習指導要領解説 特別の教科 道徳編に示されています。SST の授業の組み立て方については後に詳しく述べますが、目に見えないことを何となく学ぶ「潜在的学習」が苦手な児童のために、動作化や劇化、ルールを明文化するなど、可視化して「顕在的学習」に置き換える支援は、まさに SST （P.24 参照）の指導と言えるでしょう。

> 　そして、評価を行うに当たっても、困難さの状況ごとの配慮を踏まえることが必要である。前述のような配慮を伴った指導を行った結果として、相手の意見を取り入れつつ自分の考えを深めているかなど、児童が多面的・多角的な見方へ発展させていたり道徳的価値を自分のこととして捉えていたりしているかといったことを丁寧に見取る必要がある。
> 　発達障害等のある児童の学習状況や道徳性に係る成長の様子を把握するため、道徳的価値の理解を深めていることをどのように見取るのかという評価資料を集めたり、集めた資料を検討したりするに当たっては、相手の気持ちを想像することが苦手であることや、望ましいと分かっていてもそのとおりにできないことがあるなど、一人一人の障害により学習上の困難さの状況をしっかりと踏まえた上で行い、評価することが重要である。

道徳科の評価は他の児童との比較による評価や目標への到達度を測る評価ではなく、一人一人の児童がいかに成長したかを積極的に受け止めて認め、励ます個人内評価として行うことから、このような道徳科の評価本来の在り方を追究していくことが、一人一人の学習上の困難さに応じた評価につながるものと考えられる。

　これまで、領域の一つであった道徳が教科化され、その評価の在り方についても、発達障害等の特性による学習上の困難さを理解することの重要性が明記されました。ここにある「一人一人の児童がいかに成長したかを積極的に受け止めて認め、励ます」ことは、SSTの「振り返り（フィードバック）」と同じです。

　フィードバックで重要なのは、肯定的なフィードバックです。適切な行動が見られた場合には、「即時に」「どんなところが良かったのか」「（その子に）分かりやすい方法で」評価します。そうすることで、適切な自己理解・自己認知を促すことが可能です。一方、うまく行動できなかった際に、「それじゃ、ダメでしょう」「なぜ、できないの」とただ怒ったり注意をしたりしても、「こうするのはダメ。…では、どうすればよかったの？」と子どもたちは頭を抱えます。発達障害のある児童は、目に見えないことの理解が弱く、潜在的な学習が苦手です。「このような場合、〜と言うといいよ」「〜するといいね」等、適切な方法を肯定的な伝え方で返してあげることが必要です。

　さらに、「子どもたちの声なき声」に耳を傾け、「価値付け」する力が教師には求められ、フィードバックにおいては最も重要です。発達障害のある子どもたちは、伝えたいことがあってもそれを上手く伝えられなかったり、伝え方を誤ったり、学んだスキルを初めから完璧に行動に移すことが難しい場合があります。こうした子どもたちの「声にならない声」を前後の状況からくみ取り、「今、〜と言ったのは、こういうことかな？」「本当は、〜という気持ちを伝えたかったんだね。そういうときは、こうするといいよ」など、子どものつたない表現に「価値付け」し、お手本を示す形で代弁します。こうすることが、完璧ではなくとも、「成長したい」「変わりたい」と思っている児童の思いを積極的に受け止めることとなり、「そういう僕の思いを、先生はちゃんと分かってくれている」という、子どもたちへの励ましとなるのです。

　あるとき、通級指導教室におけるSSTの指導の中で、前回のSSTで学んだスキルを在籍級で使うことができず、友達とトラブルになってしまったことを告白してくれた児童がいました。

　「先生、ぼくはダメな人間だ。何も、変わってない・・・」

　そこでこう返しました。「いや、君は変わったよ。だって、自分が失敗してしまっ

たことを、今ここで話してくれたよね。それは、君が『SST で学んだことを実践できるようになりたい』って思えるようになった証であり、何よりも、自分の言動を振り返り省察できるようになったってことだよね」と。子どもたち一人一人の小さな成長を見取る力が、道徳でも求められています。

③ 小学校学習指導要領（平成 29 年告示）解説 特別活動編より

【第4章第1節-5 障害のある児童など学習活動の困難さに応じた指導内容や指導方法の工夫】

> 相手の気持ちを察したり理解したりすることが苦手な児童には、他者の心情等を理解しやすいように、役割を交代して相手の気持ちを考えたり、相手の意図を理解しやすい場面に置き換えたりすることや、イラスト等を活用して視覚的に表したりする指導を取り入れるなどの配慮をする。

　SST では、なぜトラブルになってしまったのか問題場面を理解したり、モデリングを通して適切な言動を学んだりする際に、役割を交代したり場面を置き換えたりすることにより、他者の心情や意図を考える活動を行います。また、問題場面を理解するための話し合いの過程で、グループのメンバー全員が場の状況を共通理解できるよう、「コミック会話」（P.33 参照）で板書したり、適切なスキルを伝える教示の場面で、絵や文字で書かれたプリントやワークシートを用意したりするなど、視覚化に努めます。

　子ども同士の人間関係をよりよく形成するとともに、多様な他者との協働を通して、自己実現を図ろうとする態度の育成を目指す特別活動であるからこそ、こうした指導方法の工夫は通常の学級においても非常に有効です。

> 話を最後まで聞いて答えることが苦手な場合には、発言するタイミングが理解できるように、事前に発言や質問する際のタイミングなどについて具体的に伝えるなど、コミュニケーションの図り方についての指導をする。

　発達障害のある児童は、場の空気を読んだり、暗黙のルールを理解したりすることが難しく、また、こだわりや衝動性の強さから、「発言のタイミングがつかめない」という相談を受ける場合が少なくありません。そこで、SST では、「上手な聞き方・話し方」「発表するときは？」などと題して、指導プログラムを組む場合があります。子どもたちのこうした言動も、わがまま等性格的な問題からくるのではなく、障害特性や認知特性に

起因するものであることを十分に理解し、当該児童が困らないよう支援すること、特別活動の実践を通してよりよい学級経営を図ることが教師には求められています。

> 学校行事における避難訓練等の参加に対し、強い不安を抱いたり戸惑ったりする場合には、見通しがもてるよう、各活動・学校行事のねらいや活動の内容、役割（得意なこと）の分担などについて、視覚化したり、理解しやすい方法を用いたりして事前指導を行うとともに、周囲の児童に協力を依頼しておく。

発達障害、特に、自閉スペクトラム症のある児童は、「想像力の障害」つまり、目に見えないことを想像することの困難さから、普段と異なること、初めてのことに対して不安を抱きやすく、その不安への対応の困難さからいつもと同じことにこだわり、学校行事への参加が困難になる場合が少なくありません。

通級指導教室では、そうした状況を想定し、「運動会」「宿泊学習」「進級・進学」などの時期が近づくと、あらかじめSSTの題材として取り上げ、見通しのもてる指導を行う場合があります。宿泊学習の目標は何なのか、どのような活動が用意されているのか、そのときのマナーとルールにはどのようなものがあるのか、苦手な活動があった場合どのような参加の仕方が可能なのか、困ったら誰に相談すればよいのか、自分の役割や係は何なのかなどについて、詳しく指導します。これらを視覚化することにより、不安になった際にいつでも確認し安心して学校行事に参加したり、参加の仕方について児童と学級担任とで相談したりすることが可能となります。見通しをもち安心することにより、自発性や自立度を高めることもできるのです（図2）。

最後に、既にお気づきのことと思いますが、ここに書かれている配慮例は、特別活動に限らず、他の教科等の学習や日常生活等、他者と関わる全ての場面で有効な支援となります。ぜひ、全ての先生

図2　特別活動における配慮例
　　～活動の手順とマナーの視覚化～

方がこうした手立てを自分のものとし、全ての子どもたちが同じ学級の一員として認め合い高め合うことができるよう、学級経営の充実を図ってほしいと思います。

④ 特別支援学校小学部・中学部学習指導要領（平成 29 年告示）解説 自立活動編より

　小学校学習指導要領解説 総則編にあるように、特別支援学級における特別の教育課程として、障害による学習上又は生活上の困難を克服し自立を図るため、特別支援学校小学部・中学部学習指導要領第 7 章に示されている自立活動を取り入れることとなっています。同様に、通級による指導における特別の教育課程においても、この自立活動の内容を参考として、具体的な目標や内容を定め、指導を行うこととなっています。

　そして、特別支援学校小学部・中学部学習指導要領解説 自立活動編には、改訂の基本方針として、以下のことが示されています。

【第 1 章第 2 節 -（2）②イ 一人一人に応じた指導の充実】

> 　発達障害を含む多様な障害に応じた自立活動の指導を充実するため、その内容として、「障害の特性の理解と生活環境の調整に関すること」を示すなどの改善を図るとともに、個別の指導計画の作成に当たっての配慮事項を充実した。

　自立活動の内容は、表 1 にある 6 区分 27 項目となっています。「心理的な安定」「人間関係の形成」「環境の把握」「身体の動き」「コミュニケーション」も、発達障害のある児童にとっては必要な内容であり、これまでも特別支援学級や通級指導教室での授業を通して指導が行われてきました。「心理的な安定」では、感覚過敏への対応や感情のコントロールなどがそれにあたります。「人間関係の形成」では自己統制や集団参加について、「環境の把握」では強い認知特性を活用した学習方法や支援グッズの活用について、「身体の動き」では多動や不器用さへの対応について、「コミュニケーション」ではより適応的であり、かつ自分に合った伝達や表出の方法の習得など、児童一人一人の困難さに応じて様々な指導が行われてきました。そこに今回の改訂では、「健康の保持」という区分の中に、「（4）障害の特性の理解と生活環境の調整に関すること」が加えられたのです。

　この項目について、特別支援学校学習指導要領解説 自立活動編には、次のように示されています。

表1　自立活動の内容（6区分27項目）

1　健康の保持
（1）　生活のリズムや生活習慣の形成に関すること。
（2）　病気の状態の理解と生活管理に関すること。
（3）　身体各部の状態の理解と養護に関すること。
（4）　障害の特性の理解と生活環境の調整に関すること。
（5）　健康状態の維持・改善に関すること。

2　心理的な安定
（1）　情緒の安定に関すること。
（2）　状況の理解と変化への対応に関すること。
（3）　障害による学習上又は生活上の困難を改善・克服する意欲に関すること。

3　人間関係の形成
（1）　他者とのかかわりの基礎に関すること。
（2）　他者の意図や感情の理解に関すること。
（3）　自己の理解と行動の調整に関すること。
（4）　集団への参加の基礎に関すること。

4　環境の把握
（1）　保有する感覚の活用に関すること。
（2）　感覚や認知の特性についての理解と対応に関すること。
（3）　感覚の補助及び代行手段の活用に関すること。
（4）　感覚を総合的に活用した周囲の状況についての把握と状況に応じた行動に関すること。
（5）　認知や行動の手掛かりとなる概念の形成に関すること。

5　身体の動き
（1）　姿勢と運動・動作の基本的技能に関すること。
（2）　姿勢保持と運動・動作の補助的手段の活用に関すること。
（3）　日常生活に必要な基本動作に関すること。
（4）　身体の移動能力に関すること。
（5）　作業に必要な動作と円滑な遂行に関すること。

6　コミュニケーション
（1）　コミュニケーションの基礎的能力に関すること。
（2）　言語の受容と表出に関すること。
（3）　言語の形成と活用に関すること。
（4）　コミュニケーション手段の選択と活用に関すること。
（5）　状況に応じたコミュニケーションに関すること。

【第６章第１節‐（４）障害の特性の理解と生活環境の調整に関すること】

> 「（４）障害の特性の理解と生活環境の調整に関すること。」は、自己の障害にどのような特性があるのか理解し、それらが及ぼす学習上又は生活上の困難についての理解を深め、その状況に応じて、自己の行動や感情を調整したり、他者に対して主体的に働きかけたりして、より学習や生活をしやすい環境にしていくことを意味している。

　ここにある文章の主語は、誰でしょう。そう、「児童」ということになります。子ども自らが、自分の障害特性を「自己理解」し、困った際に自分に最も適した方法で「自己支援」したり、「他者に支援を求めたりする」ことができるようにすることが、私たち教師には求められるのです。

　先に、図１「指導方法の工夫における３つのプロセス」を示しました。子どもたちの「困難さの状態（〜が難しい場合）」を把握した上で、「指導上の工夫の意図（〜ができるように）」を明確にもち、「手立て」を検討することになりますが、最終的には、子どもたち自身が自分に合った学び方を「自己選択」し、自分自身で使えるようになることが重要です。学習者である子どもたち自身が、

◆　自分に最適な学習方法を自己選択する力
◆　自分に合った方法で学習にアクセスしようとする力
◆　周りに合理的配慮を求める力

を身につけられるようにすることが、私たち教師の役割なのです。

　ただ、このときに、「あなたはここが苦手なのだから、こうしなさい！ああしなさい！」と頭ごなしに伝えただけでは子どもたちは納得しないでしょう。「君は、こんなところが素敵だね」「この学習のここはできているよ」と、本人のよさを分かりやすくフィードバックした上で、「ここが難しいようだね。何かいい方法はないかな？」と一緒に考えたり、「こんな方法があるのだけれど、どうかな？」と提案したりします。それらの方法の中から子どもたち自身が自己選択し、うまくいった経験を積んでいくと、やがて子どもたち自身が「みんなとは違う方法で、自分に合ったやり方はないかな？」と考えるようになります。そして、「先生！ぼく、こんな方法を思いついたのだけど、どうかな？」と、よりよい学習の仕方や生活の仕方を提案したり、「先生！この間こんなふうにやってみたら、うまくいったよ！」と報告したりするようになる

のです。子どもたちの自己評価を低下させることなく、達成感・自己有能感・自尊感情を高めつつ、共に考えながら成長を支えるという姿勢が大切です。

　また、小学校学習指導要領解説 総則編には、自立活動について、次のように示されています。

【第3章第4節 - 2（1）③ 通級による指導における特別の教育課程】

> 　また、「その際、効果的な指導が行われるよう、各教科等と通級による指導との関連を図るなど、教師間の連携に努めるものとする。」とは、児童が在籍する通常の学級の担任と通級による指導の担当教師とが随時、学習の進捗状況等について情報交換を行うとともに、通級による指導の効果が、通常の学級においても波及することを目指していくことが重要である。

　さらに、個別の指導計画の作成の手順について例を示した上で、次のようにも示されています。

【第3章第4節 - 2（1）② 特別支援学級における特別の教育課程】

> 　今回の改訂を踏まえ、自立活動における個別の指導計画の作成について更に理解を促すため、「特別支援学校学習指導要領解説 自立活動編」においては、上記の各過程において、どのような観点で整理していくか、発達障害を含む多様な障害に対する児童等の例を充実し解説しているので参照することも大切である。

　筆者も、「この自立活動は、特別支援学級や通級指導教室で展開されるものなので、通常の学級担任が理解する必要はないのでは？」という質問を受けることがあります。本当にそうでしょうか。通常の学級の中には、診断の対象とはならなくても、いわゆるグレーゾーンと言われ困っている子どもたちが在籍しています。自治体の就学支援委員会で「通級による指導適」という判断を受けているにもかかわらず、支援ニーズの多さから通級指導教室に通えない子どもたちもいます。発達障害に類する様々な診断を受けていても、「通常の学級における配慮支援で経過観察」という判断を受けている子どもたちもいます。そして、何よりも、特別支援学級で自立活動の授業を受けている子どもたちにとっては、通常の学級での交流及び共同学習の場が、また、通級指導教室で自立活動の指導を受けている子どもたちにとっては在籍校や在籍級が、学んだスキルの「般化」の場となるのです。「般化」とは、学んだスキルを「いつでも」「どこでも」「誰に対しても」実生活の場面でうまく使えるようになることを指しています。

自立活動による指導を何らかの形で受けている子どもたちはもちろんのこと、通常の学級に在籍し、他の連続性のある学びの場で支援を受けられない子どもたちのためにも、通常の学級の担任が自立活動やそこで行われている SST について理解することは、非常に大きな意味をもっています。通常の学級の先生方もぜひ、「特別支援学校学習指導要領解説 自立活動編」を手に取っていただき、発達障害を含む多様な障害に対する児童等の例をご一読ください。

（困難さの状態）
　勝ち負けに過度にこだわったり、負けた際に感情を抑えられなかったりする場合には、

（指導上の工夫の意図）
　活動の見通しがもてなかったり、考えたことや思ったことをすぐに行動に移してしまったりすることがあることから、

（手立て）
　活動の見通しを立ててから活動させたり、勝ったときや負けたときの表現の仕方を事前に確認したりするなどの配慮をする。

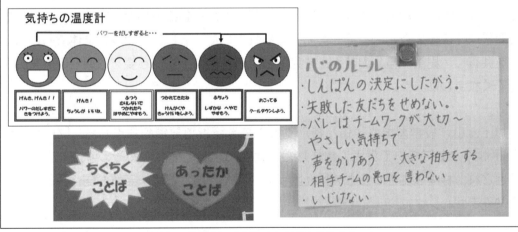

図3　体育科の授業でも SST を生かして

　図3に示すのは、通常の学級における体育科の授業の配慮例です。「困難さの状態」「指導上の工夫の意図」「手立て」にある文章は、小学校学習指導要領解説 体育編に示されています。

　感情や行動のコントロールが苦手であり、ADHD と診断された児童が在籍しています。通級指導教室の SST で学んだ「気持ちの温度計」や「あったか言葉・ちくちく言葉」をソフトバレーボールの授業で般化できるようにするとともに、「ゲームのルール」と一緒に「心のルール」も確認した上で授業をスタートさせました。毎時間

の積み重ねにより、自分のチームが負けそうになっても、互いに励まし合いながらゲームができるまでになりました。

　この事例には、実は、もう一つ素敵なエピソードがあるので紹介します。この「気持ちの温度計」のシンボルについている色は、筆者がSSTで初めて取り上げた際には、「げんき、げんき！！」の「赤色」から、「ふちょう」の「青紫色」までしかありませんでした。通級指導教室でのSSTを終え、筆者が黒板を消していると、この児童がそばへ来て言いました。

「先生、ぼくね、悲しくて不調になるだけじゃなくて、怒って不調になっちゃうことが多い。だから、ここにもう一つ、『おこりんぼ紫』を作って」

　まさに、自己理解が進み、自ら環境に働きかけた瞬間です。「今日SSTで学んだ『気持ちの温度計』は、確かに役に立ちそうだ」と思ったのでしょう。しかし、それで終わらずに、「自分」を見つめ直した上で、「自分にはもう一つ、『おこりんぼ紫』が必要であり、それを加えて作り直してほしい」と考え行動に移したのです。このことを在籍級担任に伝えると、とても喜んでおられました。そして、クラス全体でもこのことを共有し、児童が自分の苦手さを克服しようと努力している姿を、周りの児童に伝えてくれました。

　以上、小学校学習指導要領と特別支援学校学習指導要領の視点から、「なぜ、今、SSTなのか」について考えてきました。通常の学級の先生方もその手法を自分のものとされ、様々な生きづらさを抱え困っている子どもたちに、笑顔が届くことを祈ってやみません。

第2章

ソーシャルスキル
トレーニング(SST)とは

1　自立活動の目標より

【特別支援学校小学部・中学部学習指導要領：第7章第1節】

> 第1　目標
>
> 　個々の児童又は生徒が自立を目指し、障害による学習上又は生活上の困難を主体的に改善・克服するために必要な知識、技能、態度及び習慣を養い、もって心身の調和的発達の基盤を培う。

　特別支援学校学習指導要領には、自立活動の目標について、このように示されています。もちろん、ここに示されている目標は、発達障害に限らず、様々な障害のある児童生徒全てを対象としています。ここでは、発達障害に焦点をあて、SSTの視点で考えていきます。

（1）「自立」とは

　「自立」とは、障害をなくし完全な自立を目指すということを意味するものではありません。発達障害は、脳の機能障害であり、子どもたちがもって生まれたものです。よって、ここで言う「自立」とは、障害ゆえの様々な困難さをもつ子どもたちが、それぞれの障害の状態や発達の段階等に応じて、一人一人がもっている力を主体的に、可能な限り発揮して、よりよく生きていくことを意味しています。

　SSTは、発達障害のある子どもたち自身が「自己理解」を深め、「自己支援力」を育むのを助けるとともに、様々な困難さはあっても「他者とよりよく関わって生きていきたい」という子どもたちの思いに応えるための、有効な手立ての一つとなります。

（2）発達障害の子どもたちがもつ「学習上又は生活上の困難」とは

　それでは、発達障害のある児童にとっての「学習上又は生活上の困難」には、どのようなものがあるのでしょうか。

①　学校生活に臨む力の弱さ

　日々、学校生活で展開される学習活動や集団活動に臨む際に、そこで必要とされる力をうまく発揮することができずに困っている子どもたちがいます。授業などの学習活動や、グループ・学級・学校等の集団活動に、参加するための力です。

　例えば、発達障害のある子どもたちの中には、他者に注目して視線を向けたり、集中力を持続させて話を聞いたりすることが難しく、その結果として失敗をしてしまっ

たり、注意や叱責を受けてしまったりする子どもたちがいます。さらには、こうした失敗経験の積み重ねから必要以上に自己評価を低下させてしまったり、失敗を避けるために様々な学習や活動に取り組めなくなってしまったり、自己統制力の弱さも手伝って、初めから取り組むこと自体を拒否しようとするケースも見られます。障害特性ゆえの困難さであることを理解し、学習や集団活動に必要な態勢を育むことが大切です。

②　生活を整えることの困難さ

　学校生活など他者と関わりながら生活するためには、まず初めに、自分の身の回りのことや日常生活に必要な事柄を、自分で管理し整えることが必要です。それができて初めて、健康で安全・安心な落ち着いた生活を送ることが可能となります。

　発達障害の子どもたちは、学校のスケジュールを何となく分かってはいるものの、時間管理がうまくできず、授業が始まっているにもかかわらず校庭で遊び続けてしまったり、持ち物の管理がうまくできず、みんなと同じタイミングで学習活動がスタートできなかったりする場合があります。「もう〇年生なのだから、できるでしょう！何でこんなこともできないの！？」と言われても、周りの友達ができていることを、なぜ自分はうまくできないのか、一番悩んでいるのは本人です。「どこまでできていて、何がうまくいかないのか」「うまくいかないことを、うまくいくようにするためには、どのようなアイディアがあるのか」、子どもたちの気持ちに寄り添い、一緒に考えていくことが必要です。

③　人間関係を形成することの困難さ

　学校という枠組みの中で、学習や集団生活に参加するためには、他者との関係を築き維持していく能力が求められます。発達障害のある子どもたちの中には、この最初の一歩がうまく踏み出せず、また、踏み出せたとしてもその関係を長続きさせることができず、苦労している子どもたちがいます。

　きっかけがつかめなかったり、本人に悪意はないのですが関わり方にちょっとした不具合があったりするために、「友達がほしいのにできない」「せっかくできた友達が離れていってしまった」「グループでの学習や活動が辛い」と訴える子どもたちが少なくありません。このような子どもたちに、具体的かつ適切なやり方のコツを指導し支援することで、安定した人間関係の形成が可能となり、落ち着いた学校生活を送ることができるようになるのです。

④　コミュニケーションの苦手さ

　人間関係を形成し、維持するために必要なのが、コミュニケーション力です。せっかく関係を築けても、円滑なコミュニケーションができなければ、その関係を維持していくことは困難となります。

　一口にコミュニケーションと言っても、とても複雑です。私たちは音声言語以外にも、表情、ジェスチャー、アイコンタクト等、様々な情報を総合的に関連づけて処理し、発信や受信をしています。また、前後の脈絡に沿った暗黙の了解、冗談や皮肉、社交辞令、ことばを濁した曖昧な表現などが含まれる場合もあり、そこには相手の気持ちや意図、場の状況をくみ取る力も必要となってきます。発達障害のある子どもたちにとって人とのコミュニケーションは、非常に複雑で分かりにくいものなのです。

⑤　情緒を安定させることの困難さ

　日々の様々な出来事から、私たちは「喜怒哀楽」たくさんの感情を抱きながら生活をしています。子どもたちも、また、家庭・学校・地域など様々な環境の中で人と関

わり、たくさんの感情的な体験を重ねながら、そのコントロールの仕方を身につけていきます。

　発達障害のある子どもたちには、感情や行動のコントロールの苦手さや、様々な感覚の過敏さなどがあることから、それにどう対処すればよいのかを、意図的に伝えていく必要があります。ここでも、一番苦しんでいるのは当事者の子どもたちであることを十分に理解し、対応策を一緒に考えていくことが必要です。

⑥　メタ認知（自己を客観視する力）の弱さ

　メタ認知の「メタ」には、「高次の」という意味があります。自分自身が認知（知覚・記憶・学習・言語活動・思考など）をする際に、より高い視点から認知することを指しています。「何かを実行している自分に対し、頭の中で働きかける『もう一人の自分』」と言われることもあります。

　例えば私たちは、問題や課題が生じた際に、様々な認知機能を駆使し解決を目指します。その過程で、課題解決に向けた方略や自己の在り方をモニターし、自己評価を行い、コントロールし調整していきます。発達障害のある子どもたちは、このメタ認知が弱いことから、学習や生活の場面で自分の言動を調整することが難しい場合があります。そこで、自己理解を促すための支援を行い、「ぼくにはこういうところがあるから、気をつけよう」「ぼくにはこういうところがあるけれど、こうすれば大丈夫」といったアイディアを、私たち大人が一緒に考え、肯定的なメタ認知を育んでいくことが必要です。

　これら、発達障害のある子どもたちがもつ「学習上又は生活上の困難」は、裏を返せば、人と関わりをもち生きていく上で、どれも欠くことのできない「社会的な技能（ソーシャルスキル）」と言えるでしょう（表2）。

表2　障害による学習上又は生活上の困難とソーシャルスキル

困難さ	ソーシャルスキル
学校生活に臨む力 （学習態勢）	着席・姿勢保持、見る・聞く・話す、順番を待つ・並ぶ・移動する、指示やルールの理解と遵守　など
生活を整える力 （健康・安全・安心 な生活）	身辺処理、衛生・健康管理、整理整頓・持ち物管理、時間・スケジュール管理、金銭管理、係活動・手伝い、行事、援助を求める　など
人間関係を形成する力	集団や組織の理解、自己紹介、所属意識・仲間意識、他者への意識と理解・配慮、気持ちや動きを合わせる・協力協働、友達関係の維持、パーソナルスペースの取り方、問題解決　など
コミュニケーション力	あいさつ・返事、依頼・お礼・謝罪、受容・表出・相互交渉、上手な話し合い、視線・表情・ジェスチャー等の理解と活用、あいづち・上手なお断りの仕方、交渉・ヘルプサイン、報告・連絡・相談、声の大きさ、丁寧語・尊敬語・謙譲語　など
情緒の安定・メタ認知	様々な感情の理解とコントロール・ストレスマネジメント、感覚過敏への対応、情緒の安定、自己理解・自己変革、自己肯定感・自尊感情、他者との信頼　など

※　担当する子どもの実態によって、他にもたくさんのスキルがあることに留意。

（3）「主体的に改善・克服するために必要な知識、技能、態度及び習慣を養い」とは

　こうした「学習上又は生活上の困難」を「主体的に改善・克服する」とは、子どもたち自身がそれぞれの実態に応じて、日常生活や学習場面等の諸活動において、障害によって生じるつまずきや困難を自ら軽減しようとしたり、障害やその特性を受容しようとしたり、つまずきや困難の解消に努めようとしたりすることを指しています。

　そのためには、「様々な困難を改善・克服したい」と願っている子どもたちの思いに寄り添い、彼らが肯定的に自己受容しながら「必要な知識、技能、態度及び習慣」を養っていくことができるよう支援することが求められます。そのために必要なのが、「ソーシャルスキルトレーニング（SST）」です。

　子どもたちは、乳幼児期から青年期にかけて、家庭や学校、あるいは地域社会の中で、子ども同士、また、大人と関わる中で、様々なソーシャルスキルを獲得していきます。発達障害のある子どもたちは、目に見えないことの理解（潜在的学習）が苦手であることから、成長の過程でソーシャルスキルを"何となく"学ぶことが苦手です。しかしながら、目に見える形での学習（顕在的学習）は得意であることから、適切なスキルを視覚化し、計画的・意図的に指導していくのがSSTとなります。

（4）「心身の調和的発達の基盤を培う」とは

　児童生徒の調和的発達を考える場合、一人一人の発達の遅れや不均衡を改善することはもちろん重要ですが、このときに忘れてならないのが、発達の進んでいる側面、その子どもが得意なこと、強い力を更に伸ばしたり生かしたりすることによって、全人的な発達を促すという視点です。SST を行うにあたっても、子どもたちのよさを最大限に生かしつつ、また、肯定的なフィードバックを積極的に行いながら、子どもたちの可能性を伸ばしていこうとする姿勢をもつことが重要です。

❷　SST の展開について

（1）SST の3つのタイプ

　SST には3つのタイプがあり（上野・岡田, 2006）、筆者が勤務した小学校でも、対象となる児童の障害特性や発達の段階等に合わせて展開し、必要に応じて3つのタイプを組み合わせて展開する場合もありました。上野・岡田（2006）の3つのタイプについて、筆者の経験も踏まえ紹介します。

①　活動型

　活動型は、子どもたちが楽しめるゲームや活動を中心に据えて指導を組み立てます。仲間と共に楽しく活動するためには、仲間関係を築くためのスキル、ルールの理解と遵守などが求められます。「ルールを守るとみんなで楽しくゲームができる」「こういう伝え方をすると、みんなが受け入れてくれる」というように、仲間との成功体験を通してスキルを学ぶことに重点が置かれます。

　小学校では学級活動や体育科の授業など、保育所・幼稚園では日々の保育活動を通して、日常的に活用できる指導方法です。

②　機会利用型

　機会利用型は、日々の日常生活や学習活動等の中で、機会を見つけてソーシャルスキルを指導していく方法です。実際の生活の場面や学習活動の中で、指導者は子どもと行動を共にしながら指導を展開するため、その都度、適切なスキルを教示したり、モデルを示したり、フィードバックしたりすることが可能です。直接体験的な場面で実践的に指導することとなるため、般化にもつながります。

　例えば、通常の学級で校外学習に出かける際の公共交通機関の利用の仕方、特別支援学級の生活単元学習でスーパーに買い物実習に出かける際のマナーとルールなど、子どもたちは学習のねらいを達成させるために、意欲的にソーシャルスキルを学ぶこ

とができるでしょう。また、こうした機会利用型の指導では、事前指導の時間を後述する「教授型 SST」の指導の場と捉えて組み合わせることにより、より一層の効果を期待することが可能です。

③ 教授型

教授型は、学級やグループなど、SST の対象となる子どもたちの長期目標や短期目標をもとに各回のテーマ（ターゲットスキル）を決定し、その獲得を目指して指導を展開していく方法です。本書では第3章に、この教授型の指導に活用できる「ワークシート集」を掲載しています。学校現場で、一人でも多くの子どもたちに教授型のSST が届き、子どもたちが抱える障害ゆえの「学習上又は生活上の困難」が軽減・改善されることを祈ります。以下、教授型 SST の展開について、筆者が担当した特別支援学級や通級指導教室での展開を参考に、解説します。

（2）教授型 SST の展開の仕方

① 問題場面を理解する

まず、問題場面（寸劇・紙芝居・ペープサート等）を見て、「トラブルの原因はどこにあるのか」「どこがよくなかったのか」等について話し合い、理解します。メタ認知の弱さがある子どもたちですが、視覚的に再現して示されることにより、自分にもありがちな言動を客観的に捉えることが可能となります。

また、教授型の指導を重ねていくことにより、この話し合いの過程で、子どもたち自身が解決策を見出す姿が見られるようになります。「ああいうときは、こうすればよかったんじゃないかなあ」「ぼくもね、同じようなことがあったんだけど、こうしたら喧嘩にならずにうまく対応できたよ」などの発言が聞かれ、自分の言動をモニタリングする力が身についてきたことを嬉しく思う瞬間です。さらには、指導者には思いもつかなかったような方法（スキル）が子どもたちから出てくることもあり、「まいった！」と脱帽することもあります。指導の過程で子どもたちの成長を実感できるのも、

SST の何よりの素晴らしさであり、おもしろさなのです。

② 適応的なスキルを知る（教示・モデリング）

問題場面を理解できたら、「では、こんなとき、どうすればよいのか」について、よりうまくいく方法（スキル）を学ぶ段階です。ここでは主に、教示やモデリングという手法が用いられます。

教示とは、より適応的なやり方やコツ、コミュニケーションの仕方などを、子どもたちに直接教える方法です。このとき、子どもたちが理解しやすいように、また、日常生活の中で困った際に SST を振り返り思い出せるように、絵カード・視覚シンボル・ワークシート・手順表等に、視覚的に示し残しておくことが大切です。学んだスキルを一度で使えるようになるのは難しいことですが、何度か経験する中で視覚的に示された教示を振り返ることにより、学んだスキルを身につけることが可能となります。

モデリングとは、学級やグループの仲間、指導者等の適切な振る舞い方を手本とし、見て学ぶ方法です。このときも、時間の経過とともに忘れてしまうことのないよう、見て学んだモデルのやり方を、視覚的に残しておけると効果的です。

③ 学んだスキルをやってみる（リハーサル）

より適応的なスキルを学んだら、実際に練習してみることが大切です。これが、リハーサルです。リハーサルには、ロールプレイング・ワークシート（に書いてみる）・ゲームなどがあります。

ロールプレイングは、学級やグループの仲間や指導者を相手に、模擬場面で実際にやってみるというものです。ワークシートでは、書かれている模擬場面に遭遇した際に、どのように振る舞うかを書いたり、吹き出しにことばを書き込んだりしてリハーサルする方法です。子どもたちに最も人気なのが、ゲームです。その日に学習したスキルを活用することが不可欠なルールを設定することにより、子どもたちは楽しみながらリハーサルをすることが可能となります。知らず知らずのうちにスキルを活用し、かつ、達成感を味わえるのが、ゲームによるリハーサルのよさと言えるでしょう。

④ 行動を振り返る（フィードバック）

子どもたちの言動を、子どもたちと共に振り返り、ほめたり修正したりするのがフィードバックです。

フィードバックでは、「即時に」「分かりやすく」「その子に合った方法で」ほめることが大切です。行動をすぐにほめてもらうことで、行動が強化されることはもちろんのこと、子どもたちの自己肯定感も高まります。一方、後からほめることは、子どもたちが何についてほめられているのか思い出せない、伝わりにくいということにつ

ながります。また、「いつの・どの行動が・なぜ・どのように」よかったのか、具体的にほめましょう。何となくほめられても、より適応的なスキルを子どもたちが身につけることは難しくなってしまいます。また、子どもの年齢や学年、興味関心に応じてほめ方を変えることも必要です。シールや花丸など目に見える形でのほめ方、みんなの前で紹介したり拍手を送ったりする社会的強化、トークンを活用したポイント制の導入等、子どもたちの実態に応じたほめ方の引き出しを、指導者はたくさん持てるとよいでしょう。

　さらに、子どもたちの行動をフィードバックする際に、「価値付け」したり、「ハードルを下げて」ほめたりすることも大切です。第1章（P.14）でも述べたように、子どもたちの「声なき声」「つたない表現」「完璧ではないけれど努力している姿」等を見取り、しっかりと価値付けしてフィードバックする指導者の姿勢は、子どもたちにとって大きな励みとなります。子どもたちがうまく対応できず修正を求める場合にも、「ここがダメ」と否定的な伝え方をするのではなく、「こうするといいよ」「こんなふうに伝えられるといいね」と肯定的に伝えることにより、「次、頑張ろう」「今度は、あんなふうにやってみよう」という子どもたちの意欲につながります。SSTが展開される教室が、肯定的な「あったか言葉」であふれると素敵ですね。

⑤　いつでも・どこでも・誰にでもできるようにする（般化）

　SSTの指導の場で学んだスキルを、「いつでも・どこでも・誰にでも」活用し発揮できるようになることを般化と言います。この般化には、子どもたちを取り巻く人たちとの連携・協力が不可欠となります。では、子どもたちを取り巻く人たちとは、誰でしょう。保護者・家族、学級担任・その他の教職員、学級や学校の子どもたち、地域の人たちとなります。

　保護者や学級担任との情報の共有はすぐに可能です。SSTのために準備したワークシートをファイリングし、「どのようなスキルを学習したのか」「子どもの様子はどうだったのか」等について具体的に伝えていきます。その日のプログラム全体を通しての子どもたち自身の振り返りと、指導者からのコメントを入れておくことにより、子どもたちの思いや指導者の願いも共有することが可能となります。

　そして、情報を共有した保護者から家族に、学級担任からその他の教職員やクラスの子どもたちに、情報を伝えてもらいましょう。筆者が通級指導教室で担当した児童の在籍級担任は、通級対象児が学んだスキルを学級全体で共有し、様々な教育活動の中に取り入れ、クラス全体で使えるようにしてくれました。そのクラスは、みんなが互いを認め合い高め合える、とても素敵なクラスになっていきました。また、筆者は

特別支援教育コーディネーターとして、ユニバーサルデザインの家庭・地域づくりを目指し、月1回「特別支援教育部だより」を発行し全家庭に配付していました。そこには、特別支援教育についての情報や学校での取組の様子、特別支援学級や通級指導教室での子どもたちの学びの様子などを掲載し、発信していきました。さらには、校長先生の発案で、たよりを「回覧板」で地域に回覧するようにしたところ、運動会にいらした地域のおじいちゃんやおばあちゃんから、毎月楽しみに読んでいるという言葉をいただいたこともありました。

　子どもたちが学んだスキルは、短時間で身につくとは限りません。周りの人たちの正しい理解に立った適切なプロンプト（スキルを使うための促し）を可能にするために、子どもたちを取り巻く人々との連携・協力を大切にしていきましょう。

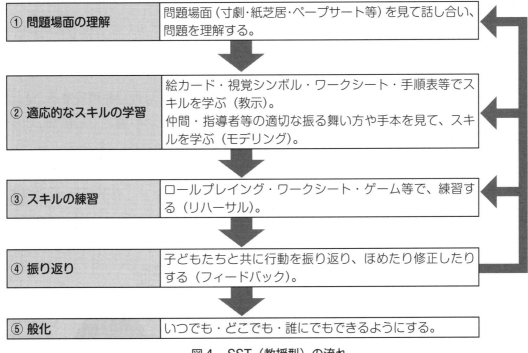

図4　SST（教授型）の流れ
特別支援教育士資格認定協会（2007）を基に筆者作成

（3）SSTと一緒に覚えておきたい手法～コミック会話、ソーシャル・ストーリー～

① コミック会話

　コミック会話とは、音声言語でやり取りされる相互交渉としての会話を、線画と吹き出しで視覚化する技法です。キャロル・グレイ氏によって日本に紹介されました（Carol Gray,2005）。音声言語は目に見えるものではなく、また、一瞬にして消え

去ってしまうため、会話の内容を視覚的に残せるこの技法は、発達障害のある子どもたちにとってとても有効な支援の手立てです。コミュニケーション障害がある自閉スペクトラム症の子どもたちにはもちろんのこと、他者に対し衝動的な物言いをしがちな注意欠如多動症（ADHD）、聞いたり話したりすることに困難さのある限局性学習症（SLD）の子どもたちにとっても、とても分かりやすいと好評です。

　コミック会話は、会話の内容の理解を助けるだけでなく、人とのやり取りを順序立てて振り返ったり、前後の脈絡や因果関係を考えたりすることにも役立ちます。SSTの指導においても、問題場面を理解する際に会話の内容やその時の気持ちをコミック会話で板書したり、教示に用いるワークシートをコミック会話で視覚化したりすることにより、子どもたちの学びと適切なスキルの習得を支援することができるのです。

（ア）線画のみを用いる

　コミック会話では、誰にでも描くことができる簡単なシンボルだけを使います。「①線描の人物」「②会話の吹き出し」「③思ったこと・考えたこと・感じたことの吹き出し（心の声）」の3つとなります。

　線描で簡単に描くことにより、会話のようなテンポあるやり取りを再現することができ、また、自閉スペクトラム症の子どもたちが細部にこだわり過ぎてしまうことを防ぐことができます。

　吹き出しは、状況に応じて異なる形状のものにすることにより、声には出さなくとも相手にも気持ちがあることや、心で思っても口に出して言ってはいけないことがあることなどを、子どもたちが理解するのを助けます。

（イ）視覚的に残す

　主に、紙と筆記用具を用いて描きますが、SSTなどのグループ指導では、学習内容を共有するためにホワイトボードや黒板に描く場合もあります。

描いたコミック会話は、子どもたちが後から学習内容を振り返ったり、学習したスキルをうまく使えず再度トラブルが起きた際などに、過去に学習したスキルを思い出したりする場合に必要となります。紙に描いたコミック会話はファイリングし、ホワイトボードや黒板に描いたコミック会話は、カメラなどで記録に残しておくとよいでしょう。

（ウ）色を使う

発達障害の子どもたちは、目に見えないことばや概念に着色することにより、それらのイメージを捉えやすくなる傾向があります。

例えば、第１章にある体育科の授業の配慮例（図３）や、第３章のワークシート集に掲載した「気持ちの温度計」。興奮してハイテンションな状態の「赤」から、「ピンク・黄色・青・青紫」と右へ移り、怒りにあふれる状態を「赤紫色」で表現することにより、子どもたちには目に見えにくい感情を、そのときの感覚やもっている言語と結び付け、想起することができるようになります。怒りの感情を負の方向に興奮していると捉え、「『おこりんぼ紫』を作ってほしい」と依頼してきた児童のように、本人の色彩感覚や言語感覚を尊重して視覚化していくとよいでしょう。

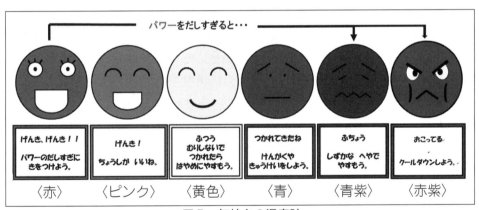

図５　気持ちの温度計

（エ）座る位置・タイミングを考えて描く

子どもと指導者が一対一でコミック会話による支援を行う場合には、指導者は基本的に子どもと並んで横に座ります。横に座ることで、共通の絵や吹き出しを一緒に見ることができるとともに、正面に座ることによるストレスを回避することが可能となります。

グループ指導では、指導者と参加する複数の児童が対面する状態でコミック会話を描いていくことになります。全ての子どもたちに寄り添う気持ちを忘れずに、一人一

人の子どもたちの声を（「声なき声」にも耳を傾けて）拾っていきますが、子どもたちが発したことばをそのまま全て書くことには無理があり、また、よけいに分かりづらくなってしまう場合があります。どの子からも板書したコミック会話が見える場所に立ち、キーワードを聞き逃さず、短いことばで分かりやすく描くようにしましょう。

（オ）子どもたちも描けるようになる（自分で心の整理ができるようになる）

　コミック会話を指導者がいつも描いていたら、いつの間にか、子どもたちも描けるようになった——現場で実践されている先生方の中には、こんな経験をされた方がいらっしゃるのではないでしょうか。

　SST の指導の中ではもちろんのこと、SST の時間以外にトラブルが起きた際にも「ミニ SST」と称して子どもたちと会話しながらコミック会話を描いていると、子どもたちの方から「先生、話を聞いて」と寄ってくることがあります。そして、いつものように、「いつ」「どこで」「誰が」「誰に」「何をした（何と言った）」「そのとき、どう思った」と、順を追って描きながら話してくれます。そうこうしているうちに、「私が、ここで、こう言っちゃったから、〇〇ちゃんは怒っちゃったんだと思う」「こうすればよかった・こう言えばよかった」「今度からこうする・こう言うようにする」と、より適応的なスキルとしての解決策までも、コミック会話に描くようになるのです。

　通常の学級の先生方が、コミック会話の手法をトラブルが生じた際の状況把握に使われるのをよく見かけますが、そのような場合にもコミック会話を描くことにより、「先生がぼくの話をよく聞いてくれた」「自分の気持ちを理解してもらえた」「〇〇君の気持ちが分かって仲直りができた」「今度どうすればよいかが分かった」「実際にやってみたら、うまくいった」といった心地よい体験をたくさん積むことが大切です。コミック会話により叱責を受け嫌な気持ちだけが残ってしまったら、子どもたちはコミック会話を拒否するようになります。コミック会話の手法を使い、子どもたちとの信頼関係を築いていきましょう。

②　ソーシャル・ストーリー

　ソーシャル・ストーリーは、自閉症や他の発達障害のある人に正確に対人関係場面（状況・概念・社会的スキルなど）を説明するための短いストーリーです。コミック会話と同様に、前掲のキャロル・グレイ氏によって考案され、日本に紹介されています（Carol Gray,2005）。ソーシャル・ストーリーは、当事者である発達障害のある人と関わる全ての人が、その「書き手」となることが可能です。家庭では保護者や家族が、医療・福祉では専門家である支援者が、そして学校では、特別支援学級や通級指導教室の担当はもちろんのこと、通常の学級の坦任や他の先生方も「書き手」にな

ることができます。そして、肯定的に書かれたストーリーから、成功することをイメージした子どもたちと成功体験を共有し、子どもたちの自己肯定感が高まっていく様子を間近で見ることができるでしょう。

図6は、アスペルガー症候群の診断のある転入生のために、特別支援教育コーディネーターであった筆者が急遽作成したソーシャル・ストーリーです。とてもまじめで一生懸命であるがゆえに、感覚過敏等があり予定通りに活動できない自分に落胆し、ますますうまくいかなくなってしまうという生きにくさがありました。しかし、このソーシャル・ストーリーを提示したことにより、「時間割」というものにどう対処していけばよいかを理解し、以前よりも楽に学校生活を送ることができるようになりました。

じょうずに　ヘルプサイン

人は　みんな、その日に　「やりたいこと」や「やらなければいけないこと」などを　かんがえ、じぶんの中で　けいかくをたてながら、一日を　すごしています。

そうすると、じぶんが　やるべきことが　はっきりし、あんしんして　すごすことが　できるからです。それを「よてい」とか、「スケジュール」とか　言います。

ただ、この「よてい」や「スケジュール」は、ほかの　人とのかんけいで　きゅうに　へんこうに　なったり、じぶんの　つごうや　たいちょうで、きゅうに　かわることが　あります。
かならず　「よてい」どおり、「スケジュール」どおりにいくとはかぎらないし、かならず　「よてい」どおり、「スケジュール」どおりに　いかなければ　ならないと　いうものでも　ありません。
ハプニングによって　人生は　たのしくなることも　あるのですから、ぎゃくに　その　ハプニングも　たのしめるようになると、ステキですね。

○○くんも、そんな　ステキな　小学生に　なれるよう、「スケジュール（よてい）」を　見てすごしますが、じぶんの　つごうやたいちょうで、へんこうしたいときには、じょうずにヘルプサインを　出して、先生と　そうだんするように　しましょう。

1　「スケジュール」を　見て、今日のよていを　かくにんする。

2　○○○先生と、さんかできそうな　学習や、さんかの　しかたを　そうだんする。

3　さんかできそうに　ない　ときは、ほかの　すごしかたを　そうだんする。

4　「さんかする」と　きめたのに、「やっぱり　だめだな」と　思ったら、また先生と　ほかの　すごしかたを　そうだんする。

図6　ソーシャル・ストーリー
「じょうずにヘルプサイン」（一部抜粋）

このソーシャル・ストーリーは、SST の指導にもとても有効です。より適応的なやり方を伝える教示の場面で、子どもたちが理解しやすいように、また、後から振り返り、学習したスキルを思い出せるように、教示の内容を視覚的に残します。このときに、ワークシートにソーシャル・ストーリーとしてスキルを示すことにより、子どもたちは、ある状況下でうまく対処している自分をイメージすることが可能となり、うまくいった喜びや達成感と共に適応的なスキルを定着させていくことになるのです。

（ア）４つの基本文型と２つの追加文型

ソーシャル・ストーリーには、４つの基本文型と２つの追加文型があり、それぞれの文型にそれぞれの役割があるとされています（Carol Gray, 2005）。

表3　4つの基本文型

（表3・4・5は Carol Gray, 2005 に加筆・整理）

文の型	文の役割	例文
事実文	誰かの意見や先入観のない事実のみを正確に書いた文章。「5W1H」にあたる文が含まれ、社会的な概念や状況の理解を助ける。	駅のホームではたくさんの利用者が、電車がくるのを待っています。
見解文	人の内面の状況、知識、考え方、感じ方、信念、意見、動機、体調や健康状態等について説明する文章。目には見えないけれど、社会的場面で重要となる感情面や認知面の理解を助ける。	利用者の多くは、「早く電車に乗りたい」「できれば椅子に腰掛けたい」と思っています。
指導文	ある状況や概念に対し、どのように対処すればよいか選択肢を示し、穏やかに指導する文章。自分がどのように振る舞えばよいか見通しがもて、行動の意欲を引き出す。	ホームでは、黄色い線の内側に順番に並んで待ちますが、ベンチが空いていれば腰掛けて待つこともできます。その場合、電車が到着したら並んでいる人の最後尾に並びます。
肯定文	前後の文章の意味を、一般的な価値観で強調し肯定する文章。肯定文があることで、読み手を安心させる働きがある。	座席が空いていない場合には、手すりやつり革にしっかりとつかまります。<u>これはとても大切なことです。</u>

※　空欄文：事実文・見解文・指導文に、空欄のある文章を書く場合もある。読み手が自分や他者の言動を推測することを助ける文章となる。（例：もし順番に並んで待つことができたら、先生は＿＿＿と思うでしょう。）

表4　2つの追加文型

文の型	文の役割	例文
調整文	読み手が情報を思い出したり、自己調整したり、自分なりの方法を見つけるために書く文章。書き手によって書かれた文章に、読み手が自分で書き加える。読み手の興味関心が反映される場合が多い。	空いている席がなかったときは、「しょうがない。ぼくは元気な子どもだからね」と思うようにします。だってぼくは、ガンダムのように、弱者を助けるスーパーヒーローなのだから。
協力文	読み手に対して、他者がどのような援助ができるかを示す文章。読み手がうまく行動できるように支援者や周りの人が果たす役割を思い起こさせ、ヘルプサインの表出を促すことができる。	通過した駅や、あと何駅で目的地に着くかが分からなくなってしまった場合には、近くにいる人に尋ねると教えてくれます。

　以上、4つの基本文型と2つの追加文型に共通していることは、否定的な書き方をしていないところです。読み手である子どもたちが、ゆとり（とちょっぴりのユーモア）のある文章から、「こうすればいいのか！」という見通しと、「うまくいきそうだ！」という自信や安心感がもてる文章にすることがポイントです。

（イ）ソーシャル・ストーリーの書き方

　キャロル・グレイ氏は、ソーシャル・ストーリーを書くための４つのステップを示しています（表５）。子どもたちのニーズに合わせ、子どもたちに安心感を与える“ゆとりとユーモア”のある、そして、より適応的なソーシャルスキルを獲得するための情報を“確実に”伝えることのできるストーリーを、子どもたちと一緒に作っていきましょう。

表５　ソーシャル・ストーリー作成の手順

ステップ	内　容
① 目標を 明確にする	読み手に獲得してほしいスキルを明確に設定する。そのためには、まず、書き手がそのスキルとそれに関わる抽象的な概念や考え方について正しい情報を共有し、読み手が最も分かりやすい方法で情報を翻訳する必要がある。
② 情報を集める	【目標についての情報】 　「いつ・どこで・だれ（何）が・どのように・なぜ」等、スキルにまつわる情報を正確に客観的に収集する。 【読み手についての情報】 　読み手本人の学習スタイル・読解力・集中力・興味関心等について、保護者・専門家・本人等から収集する。 【その他の情報】 　文章に書いた内容について、変更の可能性や偶発的な変化についても、事前に十分に考慮する。本人の行動パターンから起こりそうなこと、天候などの自然条件や社会的な事象によって変化しそうなことを予測することにより、あらかじめソーシャル・ストーリーに書き込み、読み手に心積もりしてもらうことが可能となる。
③ 文章を書く	□　導入・本文・結論で構成する。 □　5W1H（いつ・どこで・だれ（何）が・なぜ・どのように）が分かるように書く。 □　肯定的な言葉で、肯定的に記述する。否定的な内容を書く場合には、３人称の視点で記述する（例：人は時々、ドアが閉まりかけた電車に走って飛び乗りますが、これはとても危険な行動です。）。 □　４つの基本文型と２つの追加文型を組み合わせ、ソーシャル・ストーリーを記述する。 □　文章やイラストは、誤解のないように正確に書く。よって、正確さを保証するために、「普通は」「時々」など変化する可能性を示す言葉をうまく使用する。 □　読み手に不安感を抱かせることがないよう、柔らかいことばに置き換えて表記する（例：正しい→もっとよい、違う→別の） □　抽象的な概念は、具体的なことばに置き換えたり、イラストを用いたりする。
④ タイトルと 一緒に教える	ソーシャル・ストーリーの全体的な意味や要点を表すために、タイトルを付ける。タイトルは、平常文の他、疑問文の場合もある。タイトルを言って声を掛け合うことで、学習したスキルを想起することもできる。
※ チェックし 助言し合う	書き上げたソーシャル・ストーリーを複数の目で確認し、フィードバックし合う。書き手がまず社交的であり協力し合って仕上げることにより、互いに納得し安心して読み手にソーシャル・ストーリーを提供できる。

　具体的な SST 展開案の作成の仕方を提案する前に、SST を楽しく効果的に展開するためのポイントをお伝えします。そのためには、「子どもたちの視点に立って」展開することがとても大事になります。特別支援教育を成功させるための鍵として繰り返し言われてきたことになりますが、もう一度確認しておきましょう。

（1）氷山モデル

　教師は子どもたちが示す問題行動を何とかやめさせようと躍起になりがちですが、氷山の水面下に目を向けるとどうでしょう。子どもたちは、障害特性や認知特性ゆえの様々な困難さを抱えています。こちらに目を向け、水面下の氷を小さくするための支援策を講じなければ、水上にある氷を小さくすることはできません。つまり、子どもたちが示す問題行動は、子どもたちからの「わかりません」「こまっています」「たすけてください」という「ヘルプサイン」と捉えることができるのです（図7）。

　水面下の特性ゆえの困難さを理解することは、学習指導要領にある「一人一人異なる困難さの状態」を把握することに役立ちます。特別支援教育についての専門性を持ち合わせた特別支援教育コーディネーターや特別支援学級担任、通級指導教室担当の先生方と連携し、本人の抱える障害特性や認知特性を理解するとともに、困難さゆえに一番困っているのは、他の誰でもない当事者であるその子本人であることを理解しましょう。校内委員会やケース検討会を通して、日頃からその子と関わりのある複数の教職員からインフォーマルな情報を集めることも有効です。学級担任が教室で気づくことのできなかった情報を得られる場合があります。医療機関

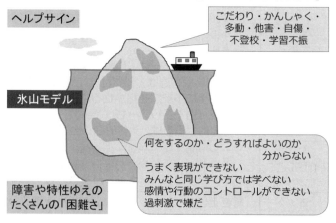

図7　氷山モデル

等からの心理アセスメントの結果報告書には、フォーマルなアセスメント、つまり科学的な根拠に基づいた情報がたくさん記されています。その他にも、関係機関との連携が記された「個別の教育支援計画」、前の段階の保育や教育の場から引き継がれた「個別の指導計画」の中にも、支援の経過や有効な手立てがたくさん示されています。これらの情報を総合し、子どもたちの困難さの理解に役立てることにより、「この子は、何が分かれば困らずにすむのか」が明らかとなり、SSTで指導すべきターゲットスキルも見えてきます。

（２）行動の３分割

　子どもたちの行動は、それだけが単独で突然に起こるものではありません。行動には、必ず理由があります。子どもたちの行動を見て、「なぜ？」「どうして？」と思ったら、その行動を３分割してみましょう（図８）。問題行動や気になる行動が、中央にある「行動」にあたります。その「行動」を〝引き起こすきっかけ〟となった事象が「前」の部分にあたります。その「行動」の〝結果に起きた事象〟が「後」の部分にあたります。

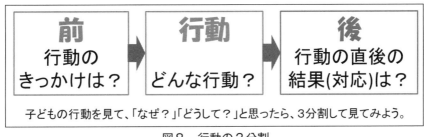

図８　行動の３分割

　行動を３分割するためには、まず、子どもたちの行動を具体的に観察する必要があり、それには、以下のようなメリットがあります。

　　○　学級経営誌や個別の指導計画に、指導の記録を分かりやすく記載するのに役立つ。

　　○　校内委員会等で児童のケースについて話し合う際に、他のメンバーに伝えやすい。

　　◎　授業等において、<u>適切な目標設定</u>に役立つ。

そして、行動を３分割することには、次のようなメリットがあります。

　　○　子どもが示す行動について、関係者同士が共通理解しやすくなる。

◎　行動が起こる場面を予測しやすくなる。結果、その行動を起こさなくてもすむように、事前の準備ができる。

○　周りの人が子どもに対し、今どのような対応をしているのかが明らかになる。結果、子どもが望んでいることを知ったり、どうして子どもがその行動を繰り返すのかを知ったりすることができる。

○　よい行動を増やしたり、困った行動（＝ヘルプサイン）を減らしたりするための対応を考える手がかりになる。

　特に、行動を３分割した結果、子どもたちが困った行動を起こす原因として、「より適応的なソーシャルスキルを知らない」ということが見えてくる場合があります。そうした場合には、その行動を起こさなくてもすむように講じる事前の準備、つまり支援の手立てがSSTということになります。つまり、SSTの展開を考える際の、指導すべきターゲットスキルの設定に生かせるのです。

（3）保護者や関係者との連携

　SSTにおけるターゲットスキルの設定には、日頃子どもたちと関わっている、保護者や関係者との連携が欠かせません。子どもたちにとっての日常生活は、日々、たくさんの社会的場面にあふれており、SSTを生きたものにするための「宝箱」のようなものだからです。「まったく、どうしてこの子は、いつもこんなことばかり繰り返すのだろう」と、嘆いたり叱ったりして終わってしまうのは、非常にもったいないことであり、日常生活で起こる様々な問題場面は、SSTによる指導を通して、子どもたちにソーシャルスキルを届ける「チャンス」と言えるのです。

　そのため、筆者は、特別支援学級や通級指導教室を担当していた際には、SSTの展開に生かすためのアンケートを、保護者・本人・在籍級担任に実施していました。家庭・学校（教室）・地域（学童保育・習い事・スポ少・育成会等）などで、どのようなことで困っているか、どのようなことができるようになってほしいか（できるようになりたいか）、どのようなことを理解してほしいか（理解したいか）等、支援ニーズを把握します。

　また、通級指導教室では、指導した内容を「通級指導の記録」に残し、家庭や在籍級と共有する必要があります。その「通級指導の記録」には、保護者や在籍級担任からのコメント欄を設け、何か気になる行動があった場合には、そこに書いてもらい共有できるようなシステムをとっていました。指導者はそれを見て、行動を３分割します。書かれた内容で情報が足りない場合には電話等で連絡を取り、より詳しい情報を

収集します。そうすることにより、今、子どもたちに必要なソーシャルスキルは何なのかを把握し、SST の問題場面のシナリオや教示用ワークシート、ゲームの設定などに生かすことができるのです。

　こうやって考えた SST を展開すると、指導後に、そっと子どもが近づいてきます。

　「先生、今日の"わくわく劇場"は、ぼくのことだよね？」

　「今度から、今日みんなが考えてくれた方法でやってみるね！」

と。本人が負の捉え方をしないように、台詞や設定を少し変えるなど、ある程度の脚色や配慮をしながら準備をしますが、子どもたち自身も SST を通して成功体験を積んでいくことにより、自分を冷静かつ客観的に振り返ることができるようになるのです。

（4）個別の指導計画や年間指導計画との関連
①　個別の指導計画と自立活動との関連

　SST による支援は、その子の教育的ニーズに応えるための一つの手立てと言えます。その子が、いつ・どこで・どのような SST を受けてきたのか、その子は SST を通してどのようなスキルを獲得し、どのように自己支援ができるようになっているのか、SST で学んだものの、今後も引き続きプロンプト（スキルを使うための促し）が必要なスキルは何なのか、こうした情報を関係者や次のライフステージで新たに関わる支援者と共有することは、とても重要です。そのためのツールとなるのが、個別の指導計画です。

　特に、特別支援学級や通級指導教室において、自立活動として SST が展開される場合には、まず初めに個別の指導計画に個々の目標が設定され、そこから小集団によるグループ指導の計画が立てられます。グループ指導であっても、個々の実態から自立活動（6 区分 27 項目）の内容を選定し、それに沿ったグループ指導の展開を考えていくようになります。本書においても、子どもたちの日常生活で起きた様々なエピソードをもとにターゲットスキルを選定し、活動を組み立ててはありますが、それらを順に指導していけばよいというものではなく、担当する子どもたちの実態からねらいや活動内容を決定していってほしいと思います。そして、自立活動のどの区分・項目について、どのような目標を立て、どのようなターゲットスキルや活動を展開したのか、一人一人の個別の指導計画に記録し、支援をつないでいくようにしましょう（表6）。

表6　自立活動の区分・項目と個別の指導計画との関連（一部抜粋）

区　分	項　目
1　健康の保持 2　心理的な安定	（4）障害の特性の理解と生活環境の調整に関すること。 （3）障害による学習上又は生活上の困難を改善・克服する意欲に関すること。

個別目標	ターゲットスキル	活動内容等
感覚過敏への対応について、イヤーマフの使用を申し出ることができる。	上手なヘルプサイン	「上手にヘルプサインすごろく」 止まったマスに書かれているエピソードへの対応を話し合う活動を通して、困ったときにはヘルプサインを出して相談してよいことが分かり、様々な伝え方を考えることができる。

※ 同じ活動内容であっても、個の実態に応じて自立活動の区分・項目や、個別目標が異なる場合もあることに留意。

②　特別の教科 道徳や特別活動における年間指導計画への位置づけ

　通常の学級にも、障害をもちながら、特別の場での特別の支援の対象となっていない児童が在籍しています。また、診断の対象とはならなくても、何らかの支援を必要とする児童は多数在籍しているのではないでしょうか。

　そのような場合、クラスの実態として、学級全体が何となく落ち着かない、学校生活のルールが定着しにくいといった状態になることが少なくありません。このような学級・学年では、特別の教科 道徳や特別活動においてSSTの指導の展開を取り入れながら、P.28の表2「学校生活に臨む力」「生活を整える力」の内容について、低学年のうちから組織的・計画的に指導することにより、落ち着きのある学級・学年に育つことが期待できます（表7）。学校生活に必要な簡単なスキルについては、ミニSSTとして、朝の会や帰りの会などのちょっとした時間を活用し指導することも有効です。

　また、中学年になると仲間意識が芽生え、同じ興味や関心をもつ者同士がグループを形成するようになります。その際に、仲間に入るきっかけがつかめずに自信をなくしてしまったり、仲間意識そのものがもてず教室の中で孤立してしまったりするケースも少なくありません。さらに、高学年になると、子どもたちの中に自分と他者を比較する目が育つことにより、ますます自己肯定感がもてず、学校生活を楽しめない状況に陥ってしまうケースも見られます。よって、中学年や高学年では、表2「人間関係の形成」「コミュニケーション力」「情緒の安定・メタ認知」といった内容について、学級・学年で指導計画を立てることも有効です。

表7　小学校第1学年　特別活動年間指導計画の例

月	題材名（時数）	スキル	活動内容等
4	上手な見方・聞き方（1）	学校生活に臨む力 （見る・聞く）	「よく見るの術」「よく聞くの術」：意義とポイントを明示する。
	安全な登下校（1）	健康・安全・安心な生活 （危険回避）	紙芝居「あっ！あぶない」：危険を予測し、交通安全教室で般化を図る。
	おいしい給食（1）	健康・安全・安心な生活 （健康管理）	「これは、何色？」：栄養教諭と連携し栄養素を視覚化して考える。味覚の過敏さについてヘルプサインの出し方を知る。
	学校生活のきまり（1）	健康・安全・安心な生活 （ルールの理解と遵守）	「歩いて陣取りゲーム」：ルールを守ることで安全に楽しく過ごせることを理解する。

　一般的には、月ごとの題材名と配当時数が記載されているのが、年間指導計画です。学級（学年）の実態に応じて、SST の指導による展開が有効と思われる題材について、スキルと活動内容等を工夫してみるとよいでしょう。

（5）問題解決能力の獲得を目指す

　図4（P.33）に「SST（教授型）の流れ」を示したところですが、この流れに沿ってSST を経験していくと、指導者がワークシートやモデリングで適応的なスキルを教示する前に、子どもたち自身が、適応的なスキルをたくさん提案していくことができるようになります。「ぼくにも、同じような事があってね…」と前置きし、日々の生活の様々な場面で、「失敗した事例」や「成功した事例」をエピソードとして持ち出し語り出します。さらには、経験したことがない事例であっても、経験知と、自分自身の傾向についての分析（SST「あなたは何タイプ？」で自己理解を深めていくなど）から、瞬時に「解決方法」とそれが導く「結果」を予測することが可能となります。未経験の問題場面であっても、より適応的に対応しようとする意識が育っていくのです。

　子どもたちには、やがて学校を卒業し、社会の中で自分の足で立って歩いて行くことが求められます。将来のより自立的な生活を目指し、「教示を通して教え導く」SST から、「子どもたち自身が、様々な解決方法を見出し、チャレンジする力を育む」SST となるよう、日々のSST に楽しく取り組んでいきましょう。

（6）SSTでの子ども同士の育ち合い

　そのためには、子ども同士の育ち合いが不可欠です。SSTのグループ指導に集まる子どもたちは十人十色。子どもたちがぶつかる問題場面は、様々です。しかしながら、いろいろな困難さはあっても、みんながその軽減や克服に向かって頑張っていることを知った子どもたちは、「ぼくだけじゃない」「みんなも頑張っている」「あの子のこの考え方はすごい」「ぼくの提案があの子を笑顔にした」という経験に支えられ、自信を取り戻したり自己肯定感を高めたりしていきます。そして、互いを認め合い、支え合い、高め合う、かけがえのない存在となっていきます。仲間と共に学んだSSTの時間そのものが、子どもたちのパワーとなり、その後の人生を支えるものになっていくのです。

（7）個を認め合い高め合う学級（学校）文化の創造

　こうした関係は、特別な場での特別なメンバーの中だけにあっても、SSTが効果あるものにはなりません。「それぞれに得意・不得意があり、みんなが違うからおもしろいし、楽しい学びが成立する」という経験のないクラスでは、SSTでの学びもその場限りのものとなってしまう傾向にあります。

　「『あったか言葉・ちくちく言葉』、みんなが考えて使えられたらいいよね」

　「『気持ちの温度計』、ぼくもほしい！」

そんなことが気軽に言えて、スキルをみんなで共有できる学級（学校）が必要です。

　そのためには、まず、それぞれの学級の担任が、特別支援学級や通級指導教室で展開されているSSTに関心をもち、それぞれのクラスの橋渡し役となり、子どもたちの学びに価値付けしていくことのできる心のしなやかさをもってほしいと思います。私たち大人も、初めての事柄に対処しなければならないときは、とても緊張するものであり、事前にネット検索し、様々な情報を集めます。子どもたちにとって、SSTは、ソーシャルスキルのネット検索・情報収集にあたります。教師もSSTの指導者も、子どもたち同様に不安だったり緊張したりする自分を子どもたちにさらけ出し、みんなで個を認め合い高め合う学級（学校）文化を創造していってほしいと思います。

（8）僕たちが求めること

　図9は、今は大学生となったかつての教え子が言った言葉を図示したものです。この子のためにSSTを必死で学んだと言っても過言ではありません。当時は、周囲の大人から正しい理解を得られなかったのでしょう。初めて出会ったときには二次障害に陥り、とても苦しい思いをしていました。

筆者はこの児童を、小学3年時より3年間、自閉症・情緒障害特別支援学級で担任し、SSTによる指導を開始しました。その後、小学6年で通常の学級に移籍させるにあたり、週に1回程度SSTによる指導の継続が必要と考え、通級指導教室を新設してもらいました。彼は、週に1時間の自立活動の授業、SSTをとても楽

僕たちが求めること

知識はあっても、 ・学校という環境になじめない ・どんなふうに周りと合わせたらよいか分からない ・うまくやりたいけどできない 僕たち	接着剤 リミッター	学校

思いを受け入れてもらいつつも、自分も調整する術を教えてほしい《SST》

学校というシステムが苦手な僕たちに、規制をかけつつも、可能な範囲で融通をきかせてほしくて、頼んでいるだけ

図9　僕たちが求めるもの

しみにしていました。障害特性から潜在的学習は苦手な彼ですが、SSTでの顕在的学習は分かりやすいと言い、みるみる二次障害が改善されていきました。やがて、彼本来の素直さや優しさが発揮されるようになり、彼のことばに、筆者自身がどれだけ癒やされ励まされたか分かりません。

　ある講演会で、「高機能自閉症とアスペルガー症候群の人たちへの支援〜大学生への支援を通して見えてきたもの〜」という演題をいただいた際に、その資料作成のために数年ぶりに彼に会い、話を聞く機会がありました。SSTを経験し大学生になった今、学童期・思春期を振り返り、こんな話をしてくれました。

　大学は、楽しい！すごく楽です。小学校で学んだSSTが、今の僕を支えている。
　SSTで学んだことが、全て身になっている。例えば、結果を予測して対処法を考える「問題解決スキル」。シミュレーター能力が身についたことで、大学でも、様々な問題を回避することができている。それから、自己理解ができて、自己判断・自己決定ができるようになったことは、とても大きい。例えば、僕は、バイトはやらない。疲れるのが分かるから。自分を分かっているから、自分で判断し自分で選択できる。
　だけど、SSTを学ぶのは、「自我」が発達してからでは、辛いと思う。「自我」が発達してからでは、「自分」が固まってしまっている。大学生になってから自分を変えるのは、難しいと思う。SSTを学べたのが、小学校のうちでよかった…と思う。
　僕たちは、知識はあっても、学校という環境にはなじめない。どんなふうに周りと合わせたらよいか分からないし、うまくやりたいけどできないのが、僕たち。不適切な行動をしてしまうこともあるけれど、学校というシステムが苦手な僕たちに規制をかけつつも、可能な範囲で融通をきかせてほしくて頼んでいるだけ。だからこそ、思いを受け入れてもらいつつも、自分も調整する術を教えてほしいと思っている。その術を教えてくれるのが、SST。SSTは僕らにとって、僕らと学校をつなぐ「接着剤」であり「リミッター（出力に対し制限をかける装置）」なんだ。

ある日、そんな彼と SST で会話する中で生まれたカードが、「バケツメーター」（図10）です。感覚過敏とその対応について学習した際に、こんな話をしてくれました。

「先生、ぼくの体の中には、"バケツ" があるんだ。その "バケツ" にはね、疲れがどんどんたまっていくの。初めのうちは、『まだ大丈夫、まだ大丈夫』って思っているんだけど、周りから言われるままに頑張り続けると、気づいたときにはもう "バケツ" があふれていて、『あ〜、もう、ダメだ〜』ってなって、学校を何日も休むことになっちゃう」

これだ！！と思いました。感覚過敏による目に見えない「疲労感」の視覚化です。私たちが、彼らの学習スタイルを尊重し、彼らを理解し寄り添って支援していると、彼らも同じ方法で寄り添おうとしてくれます。自分の困難さを、視覚的にイメージし、一生懸命に伝えようとしてくれた瞬間でした。

子どもたちが、私たちとは異なるのか。きっと、子どもたちの側から見たら、私たちの方が自分たちとは異なる存在と言えるのでしょう。互いを理解したいと思うとき、もう理解は始まっていて、子どもたちも私たちを理解しようとしてくれます。指導者側から押しつける、活動ありきの SST ではなく、子どもたちと一緒に創り上げるという気持ちを忘れずに、楽しい SST を展開していってください。

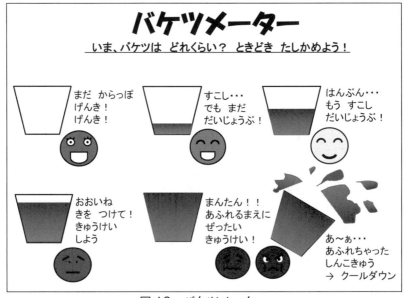

図10　バケツメーター

4 指導プログラムを考え、ワークシートを作ってみよう

（1）指導プログラムは、"子どもの姿" からスタート！

　既にお気づきかと思いますが、SST は、大人にとって都合のよい子どもを作り出すためのものではありません。学校や社会におけるマナーとルールについて指導することはあっても、基本は、子どもの姿や子どもの思い、子どもの願いが出発点であり、子どもたちが主役です。

　まず、ここには、指導プログラムを組み立てる際に指導者が考えるべきことについて、順を追って整理します。大人の思いを押しつけ、スキルだけが一人歩きするような、子どもの思いや生活からかけ離れた SST になることのないよう、改めてこのことを確認し、指導プログラムの見直しと改善を心掛けていきましょう。そして、第3章の「ソーシャルスキルトレーニング　ワークシート集」にはない、先生方の目の前にいる子どもたちのための指導プログラムを、子どもたちと一緒に作っていってください。

①子どもの姿・思いや願いの読み取りと評価

　目の前の学習活動や集団生活の中で、子どもたちには、どのようなスキルが身につき、どのような力が発達しているのか、そして、どのようなスキルが分からないがために、困ったり悩んだり苦労したりしているのか、どんなことができるようになりたいと思っているのかなどを、子どもの姿から読み取ります。

②指導者の願い

　子どもたちの姿から、子どもたちの思いや願いを読み取ることができれば、第一段階はクリアしたと言えるでしょう。そこから、指導者は、子どもたちの成長や発達を見通し、「こんなスキルが身につけば、もっと楽しく学習に取り組んだり、生き生きと生活したりできるのではないかな」「こんなふうに成長し、伸びていくといいな」という願いをもちます。

　こうした願いは、子どもたちへの願いであると同時に、子どもたちに関わる自分自身を振り返り、関わり方を見直すよりどころとなります。一人一人の障害特性や認知特性に合わせた関わり方につながるのです。

③指導プログラムの構想・計画

　そして、子どもたちの思いや願い、指導者の願いを実現するためには、どのようなSSTの指導プログラムを展開すればよいのかを考えていきます。子どもたちに起こった困難さのエピソードをどのように伝えるか、子どもたちに受け入れられやすく、かつ、より適応的な生活につながるスキルにはどのようなものがあるのか、どのようなゲームや活動を準備すればスキルの練習になるのかなど、展開を考えます。これら展開の構想がまとまったら、子どもたちが実際に取り組んだ際の様子を想像し、その展開に必要なワークシートやペープサート、ゲームの道具や活動の材料等を準備し、教室環境を整えます。

④指導プログラムの実施・評価

　子どもたちは、指導者が展開する指導プログラムの中で、どのように活動したり反応したりするでしょう。指導者が予想した通りの反応かも知れません。全く異なる反応を示す場合もあるでしょう。指導者の想像をはるかに超えた姿を見せてくれることもあれば、声なき声で思いを伝えたり、うまく表現できず苦しい表情を見せたりすることもあるでしょう。ぜひ、子どもたちのこうした姿から、子どもたちの学びや成長を感じ取ってください。

　子どもたちの姿から、「この展開は、もっとこうした方がいいな」「用意していた教示に、もっとこんなことも付け加えてみよう」などと思ったら、計画を変えることも必要です。ここでの評価は、指導や支援の在り方をよりよいものにするための、指導者自身の評価であることを忘れてはなりません。

　そして、多様な仲間との関わりを通して、互いに認め合い高め合う姿が見られたら、子どものための生きたSSTとなった証と言えるでしょう。

① 子どもの姿を捉えよう！
・障害特性は？認知特性は？発達段階は？
・習得済みのスキルは？未習得のスキルは？
・知っているとハッピーになるスキルは？
・強い力、得意なことは？
・興味関心のあることは？

SLD（限局性学習症）とは？
　知的発達に遅れはないものの、「読む」「書く」「計算する」など、特定の学習のつまずきから、自信を喪失していることがある。

他にも一人一人異なる困難さがあることに留意！！

ADHD（注意欠如多動症）とは？
　不注意・多動性・衝動性から注意や叱責を受けることが多く、自己評価の低下につながりやすい。

② 子どもの成長・発達を見通そう！
・こんなスキルがあれば、もっと楽になるね。
・こんなふうに育ってほしいな。
・「自立活動の目標・内容」「個別の指導計画」との関連を、忘れずに確認しよう！

ASD（自閉スペクトラム症）とは？
　社会的コミュニケーションの障害・行動の障害等により、状況理解や相手の意図理解が難しい。感覚過敏が生活に支障を来すこともある。

③ どんな展開ならば楽しくスキルが身につくか考えよう！
・ターゲットスキルは？（タイトルを含む）
・プログラムの展開は？
　（P.53　ワークシート①「学習の記録」【図11】）
・問題場面のシナリオは？
　（P.54　ワークシート②「〇〇劇場」【図12】）
・どんなスキルがあるかな？
　（P.55　ワークシート③「教示用プリント」【図13】）
・スキルを練習できるゲームは？
　（P.56　ワークシート④「ゲーム：〇〇〇」【図14】）
・教材、道具、環境の準備は？

自立活動の内容
6区分27項目の中のどれが必要？

個別の指導計画
この子の支援ニーズは？
長期目標・短期目標は？

常に意識すべきこと！！

④ 子どもの姿を見取り、次の指導に生かそう！
・子どもの活動や反応は？
・何を伝えたいのかな？何に困っているのかな？
・すごいな！素晴らしいな！こんな方法もあったか。
・よりよい支援や配慮の手立てはないかな？
・主体的に関わり、自分・仲間・指導者・ゲームや教材と対話し、より深い学びにつながっているな。
・次に知りたいスキルは、何だろう？

再び「①へ…」と続く

（2）4つのワークシートの見方・作り方・活用の仕方

　それでは、いよいよ、SSTの指導プログラムについて考え、ワークシートを作っていきましょう。基本的な展開の流れは、図4（P.33）に示した通りです。

　本書で紹介する指導プログラムは、基本的には小学校の自閉症・情緒障害特別支援学級や通級指導教室で展開される自立活動の授業、通常の学級における特別の教科道徳や特別活動の授業における展開を想定して考えられているため、1単位時間45分で組み立てています。本書をもとに中学校で展開される場合には50分にふくらませて、地域の支援機関で展開される場合には実情に合わせて、活用してください。

（1）　問題場面の理解　………………………………………………	15分
（※問題場面を見ての子どもたちの話し合い活動を含む。）	
（2）　適応的なスキルの理解（教示・モデリング）………………	10分
（3）　スキルの練習（リハーサル）…………………………………	15分
（4）　振り返り（フィードバック）…………………………………	5分

　子どもたちにはこの流れを4つのワークシートで提示し、指導プログラムを展開していきます。この4つのワークシートをセットにして「SSTファイル」に綴っておくことにより、子どもたちは学んだスキルを繰り返し振り返って確認することができ、指導者や保護者等関係者は、子どもたちが学んだスキルを共有し般化を促すことに役立てることが可能です。

　ここでは、CD-ROMに収めた4つのワークシートの見方・作り方・活用の仕方について、解説していきます。基本的には、ワークシート①～④はそれぞれ1枚ずつとなりますが、「教示」の内容によってワークシート③が2枚になったり、「リハーサル」としてゲームを2つ用意したり、ゲームの他にワークも行ったりする場合には、ワークシート④が2枚になったりする場合もあります。CD-ROM内のワークシートは、あくまでも筆者が担当した子どもたちの実態に合わせて作成したものとなりますので、先生方が担当されるお子さんの実態やクラスの実情に合わせ、変更・調整して活用してください。

　また、ゲームの内容は、特別支援学級に在籍する児童や、通級指導教室に通う児童の人数を想定し設定されています。多くの児童が在籍する通常の学級でのゲームには適さない場合もあるため、実態に応じたゲームを工夫していただくことをお勧めします。

ワークシート ① 「学習の記録」　　図11

まずはじめに、**ワークシート①「学習の記録」**を作成します。

学習するターゲットスキルの「タイトル」を考えて記入します。子どもたちとの合い言葉にすると、スキルを思い出すのに役立ちます。

学習の展開を考え、「学習したこと」を記入します。学習内容は指導の流れを示しており、図4（P.33）の展開に沿って組み立てていきます。

「反省」や「感想」の欄には、子どもたち自身が学びを振り返り自己評価を記入します。学習後の子どもたちの思いを共有することができます。

発達支援室ひだまり

がくしゅう の きろく

| | がつ | | にち | | ようび | なまえ |

「バケツ」が　あふれちゃったら　クールダウン

◎よくできた・たのしかった　　○まあまあできた　　△できなかった・つまらなかった

	がくしゅうしたこと	はんせい
1	しのすけ　げきじょう　「見え〜い！」	
2	「バケツ」が　あふれちゃったら　クールダウン	
3	ゲーム　「イライラかいしょう　クールダウンすごろく」	
4	はんせい　を　しよう	
5		
6		

| たのしかった おもしろかった | イライラした つまらなかった | ざんねんだった くやしかった | おどろいた ショック | そのほか |

記入欄はありませんが、子どもたちが書いた感想に指導者がことばを添えることにより、子どもたちにその日の頑張りをフィードバックすることができます。このワークシートを見れば、指導者からのフィードバックも含め、関係者が子どもたちの学びの過程を共有することが可能になります。

次に、問題場面を劇化して子どもたち
に見せるために、**ワークシート②**
「○○劇場」のシナリオを考えます。

「○○劇場」というネーミングにつ
いては、各教室で親しみのもてる
ものを、子どもたちと一緒に考え
るとよいでしょう。

複数の指導者がいる場合には役割
を分担して劇を、指導者が一人の
場合にはペープサートとして演じ
るとよいでしょう（本書巻末付録：
ペープサート用原画を使用）。

【しのすけ　げきじょう】
「見えな～い！」

ナ　レ：　キーン　コーン　カーン　コーン♪
　　　　　もうすぐ、冬休みです。
　　　　　2学期末のテストが毎日続き、ひかる君は、ちょっとお疲れモード。
　　　　　気持ちがモヤモヤして、なんだかイライラしているようです。

先　生：　では、テスト用紙を前から配ります。名前を書いた人から、始めてください。
ひかる：　早く終わらせて、校庭で思いっきり遊ぶぞ！
　　　　　早くテスト、来ないかな・・・。
は　な：　（前の人からテスト用紙を受け取って）あれ～？　テストが足りない。
　　　　　ひかる君、テストが足りないよ。
ひかる：　（瞬間的に、ヒートアップ）どうして、足りないの！？
　　　　　ねえ！　誰か、2枚もらってない！！？？
　　　　　もう～！！！　はなちゃんが、もらいに行けばいいじゃないか！！！
は　な：　え、そうかも知れないけど・・・。
先　生：　（気づいてテスト用紙を持ってくる。）
　　　　　ひかる君、イライラしなくても、ちゃんとありますよ。
　　　　　どうぞ。

ナ　レ：　先生が気づいてくれたので、ひかる君も何とか落ち着いて、テストを始めたよう
　　　　　です。

ナ　レ：　キーン　コーン　カーン　コーン♪
　　　　　さて、学期末のテストも全部終り、次の時間は「お楽しみ会」です。
　　　　　そら君のグループが手品を披露しているようです。
　　　　　チャラララララ～ン♪

は　な：　（ひかる君の前に座っている。）
ひかる：　はなちゃんが前に座っているから、見えな～い！！！
だいち：　見えないときは、横にすればいいよ。
ひかる：　横にすれるのは、いやなの！！
　　　　　だって、ここが真んなだから、ここがいいの！！！
　　　　　も～！　こうしてやる！！！（はなちゃんの髪の毛を引っ張る。）
は　な：　痛い！！！
　　　　　ひかる君、私の髪の毛、引っ張ったでしょう！？
ひかる：　ふん！！！

ナ　レ：　せっかくのお楽しみ会、ひかる君のイライラが収まらず、とうとう喧嘩になって
　　　　　しまいました。ひかる君、どうしちゃったのかな？　おしまい♪

子どもたちは、この劇を通して問題場面を客観的に見つめ、
　「どこにトラブルの原因があったのか」
　「どうすればトラブルにならなかったのか」
　「より適応的に心地よく問題解決できる方法はないか」
等について、考えることが可能となります。また、
　「自分にも同じようなことがあったなあ」
と、過去の自分を振り返り、グループの仲間に話す姿が見られるようになる場合もあり
ます。子どもたちが真剣に見て考えられるよう、指導者は恥ずかしがらずに役になりきっ
て演じることがポイントです。

子どもたちが臨場感をもって劇に集中することができるよう、シナリオを子どもたちの
手元に配付せずに演じるようにします。しかし、このワークシートをSST終了後にファ
イリングしておくことにより、どのような問題場面について学習したのかを関係者間で
共有し、子どもたちが、どのような場面で、どんなことに困るのか、どのような行動を
しがちなのか等、子どもたちへの理解をさらに深めることが可能となります。

ワークシート ③ 「教示用プリント」　　図13

次に、子どもたちに獲得し
てほしいスキル（より適応
的なやり方やコツ）を考え、
**ワークシート③「教示用
プリント」**を作成します。

「バケツ」が　あふれちゃったら　クールダウン

バケツがあふれてしまったら、
「クールダウン」を
しようね！！

クールダウン　の　しかた

① 「きもちの　おんどけい」を　コントロールします
  ・ しずかな　ばしょで
  ・ ひとりに　なって　しんこきゅう　

② 😊 になれたら、じぶんを　見つめます
  ・ じぶんは　どんな「こうどう」を　したのか？
    → その　けっか、どうなったのか？
  ・ じぶんは　いま、どんな「じょうたい」なのか？
    → この　じょうたいは、いつ　おわりそうか？

③ 「そのとき、どうすれば　よかったか」
  「つぎは、どうすれば　よいか」
  を　かんがえます

  むずかしいときは、先生や
  おうちの人もいっしょに
  かんがえてくれるよ！

  ➡ **しっぱいは　せいこうのもと**　こんどからは、

「バケツメーター」や「きもちのおんどけい」を
じょうずにつかい、**あふれるまえに**
コントロールしたり、**ヘルプサイン**を出したりしよう！！

イラスト、文字、コミック会話、
ソーシャル・ストーリー、チャー
ト式などの視覚情報を用いて、
　「スキルとして、どのような
　　方法があるのか」
　「なぜ、そのスキルを使うこ
　　とがよいのか」
等について、子どもたちの視点
に立って、分かりやすく示すこ
とがポイントです。
そのためには、まず、指導者が、
「スペシャリスト」兼「ジェネ
ラリスト」であれるように努め、
より社会に受け入れられやすい
スキルを理解し身につける必要
があることは言うまでもありま
せん。子どもたちのお手本とな
れるよう、自己を客観的に見つ
め続けることが大切です。

あらかじめワークシートを準備しておきますが、指導者が思いも寄らなかったような素晴
らしいアイディアを、子どもたちが提案することがあります。指導の中でワークシートに
加筆できる場合もありますが、図10「バケツメーター」（P.48）のように、次の指導まで
に新たに作成し、提示する必要がある場合もあるでしょう。子どもたちから生まれたアイ
ディアを積極的に肯定し、みんなで共有していくことにより、子どもたちの自信と自力解
決する力を高め、育んでいきましょう。

ワークシート ④ 「ゲーム：〇〇〇」　　図14

最後に、ゲームを考え、『やり方』と『ルール』を説明するための**ワークシート④「ゲーム：〇〇〇」**を作成します。

子どもたちは、このゲームを通して、その日に学んだターゲットスキルのリハーサルをすることになります。

ここで大事なのが、『やり方』と『ルール』を混同しないということです。
『やり方』は文字通り、ゲームの進め方・手順を示します。
『ルール』は、ゲームを進めていく際に、守らなければならない約束であり、SSTでは、この『ルール』こそが、その日学習した「ターゲットスキル」にあたります。

ゲーム「イライラかいしょうクールダウンすごろく」

※ 学習態勢【事例3】「しっぱいはせいこうのもと（学習編）」を参考に、付箋紙とドットシールですごろくを準備する。付箋紙には、「まいにちの うんどうかいのれんしゅうで おつかれモード。かけっこで いちばんになれなくて イライラし、おともだちに すなを かけてしまいました。」「まいにちあつくて ぐったりモード。さんすうのテストで 100てんがとれず かなしくて なきだしてしまい、なみだが とまりません。」等、様々な場面を想定し書いておく。

【やりかた】
1　じゃんけんをして、じゅんばんを きめます。
2　サイコロを ふって、出た目のかずだけ、コマをすすめます。
3　とまったマスに 書いてある ばめんのとき、もし、じぶんだったら、「バケツメーター」や「きもちのおんどけい」が どのあたりかを かんがえて、ゆびさして はっぴょうします。
4　そのあと、つぎのことを かんがえて おはなししましょう。
　　① なにを した？　　② けっか、どうなる（どうなった）？
　　③ このつぎは、どうすればいい？
5　すごろくを すすめ、さきに ゴールした人の かち。

【ルール】
〇　「バケツメーター」や「きもちのおんどけい」は、 むりに よい じょうたいを ゆびさすひつようは ありません。「じぶんだったら」と かんがえられることが すばらしいことです。
〇　「このつぎ、どうすればいい」か わからないときは、お友だちや 先生に、ヘルプサインを 出しましょう。
　　・どうすれば いいですか？
　　・わからないので、おしえてください。　　など

例えば、SST「負けても平気」の学習で、「ゲームは勝つときもあれば、負けるときもあるからおもしろい」、みんなで楽しくゲームするためには、「負けても、泣かない・怒らない」というスキルを学習した場合、ゲームそのものの進め方は『やり方』にあたり、「負けても、泣かない・怒らない」という約束は『ルール』にあたります。あるグループのSSTの教示の場面で、1年生がこんなことを言いました。
　「先生、ぼくね、ゲームで負けそうになると、泣いたり怒ったりするだけじゃなくて、いじけて机の下にもぐっちゃうの。だから、『負けても、泣かない・怒らない・いじけない』にしてもいい？」
このように、子どもたちとの話し合いの過程で教示の内容が広がりや深まりを見せ、ゲームで守るべき『ルール』も変わる場合があります。ぜひ、子どもたちの考えを大事にし、『ルール』を柔軟に考えていってください。

 ＣＤ-ＲＯＭ収録のワークシート（原本）を使って、作ってみよう！！

5 **その他、SST を実践する上での配慮事項**

（1）ワークシートの取り扱いについて

前項で述べたように、4つのワークシートは、子どもたちや保護者、関係者と学習内容を共有する上で、とても大切なものです。最終的には「SST ファイル」（通常の学級において特別の教科 道徳の時間に実施する場合には「道徳ファイル」など）に綴るようになりますが、指導プログラムのどの過程で子どもたちに配付するのが効果的でしょうか。筆者は、経験から表8のような順番とタイミングで、それぞれのワークシートを配付していましたが、学級や指導グループの実態に合わせ、最も効果的な取り扱いの仕方について検討してみてください。

表8　ワークシートの取り扱い

	配付するワークシート	配付するタイミングと効果
1	ワークシート③ 「教示用プリント」	教示のときに、ワークシート③を配付します。視覚的に整理されたワークシートを見せながらスキルを説明することにより、子どもたちの理解を助けます。
2	ワークシート④ 「ゲーム：○○○」	リハーサルのときに、ワークシート④を配付します。視覚的に説明することで、ゲームの「やり方」と「ルール」の理解を助けるとともに、スキルを使うことを意識化させたり、負けたときに自分本位の解釈になることを防いだりすることができます。
3	ワークシート① 「学習内容」	振り返りのときに、ワークシート①を配付します。最初に配付してしまうと、問題場面に対するスキルがタイトルから予測できてしまったり、指導者が求める「正解」を探そうとする意識をもたせてしまったりすることから、全ての学習を終えて振り返りをする際に配付します。それにより、自分なりに対応を考えようとする姿勢や、間違いを臆することなく考えを伝えようとする姿勢を育むことができます。
4	ワークシート② 「○○劇場」	全プログラム終了後、ワークシート①にフィードバックのコメントを記入し、全てのワークシートをファイリングする際に、ワークシート②のシナリオも一緒に綴ります。子どもたちが指導者の演じる劇に集中し、問題場面の状況を理解することがとても大事であるため、ファイリングしてさえあれば指導中に配付する必要はありません。

（2）板書について
① コミック会話を活かす

　SST では、まず、問題場面に潜んでいる、社会的場面や状況、登場人物の思いやコミュニケーションの内容について、子どもたちと話し合いながら板書していくようになります。この際、子どもたちがすぐに状況等を理解したり振り返ったりできるよう、コミック会話（P.33 参照）を使うことが効果的です。本書巻末付録のペープサート用画像をコピー・着色・ラミネートし、裏面にマグネットシールを貼っておくことにより、板書に活用することが可能です。

② 「気持ちの温度計」を活かす

　また、第3章にある SST「気持ちの温度計」を学習すると、「このときの気持ちは、嫌な気持ちで、"青"かったのだと思う」など、子どもたちは学習した方法を用いて話し合うようになります。このように、「気持ちの温度計」を板書に活かすことができるよう、CD-ROM には色ごとにバラしたものも収録しています。こちらもプリント・ラミネートして、子どもたちの理解に活かしてください。

③ ソーシャルスキルを視覚化する

　ワークシート③「教示用スキル」で示したソーシャルスキルや、子どもたちと話し合う中で生まれたコミュニケーションや行動の仕方などについても、できるだけ"シンプルに分かりやすく""視覚的に"板書したり掲示したりできるとよいでしょう。

　この後、リハーサルとしてのゲームや様々な活動をする中で、子どもたちは学んだスキルをすぐに思い出し行動に移すことが難しい場合があります。そのようなときに、学んだスキルが板書に残っていることにより、子どもたちは自発的に確認し実践することが可能となります。学習を終えた段階で板書を見れば、学習したことが一目瞭然となるよう、構造的な板書ができるよう心掛けましょう。

（3）教室環境について ～時間の構造化と場の構造化～

　効果的な SST を行うためには、教室環境の構成がとても重要です。発達障害のある子どもたちの特性や認知特性に由来する様々な困難さに対し、彼らの学習スタイルに合わせた情報や場の提供をすることは、必要不可欠な支援です。「いつ」「どこで」「何を」「どのように」「どれぐらい」するのか、「終わったらどうするのか」など、子どもたちが見通しをもち、安心して学習に取り組めるよう、"時間の構造化"と"場の構造化"に努めましょう。SST を通常の学級で実施する場合には、特別支援学級や通級指導教室のような手厚い環境構成は難しい場合もあるでしょう。各学校の実情

に合わせ、可能なところから取り入れていってください。

　ここでは、筆者がかつて勤務していた自閉症・情緒障害特別支援学級でのSST「みんなできめよう」の実践を例に、解説します。前出の大学生が4年生のときの実践です。休み時間、「何して遊ぶ？」とクラスメイトの下級生に持ちかけますが、どうしても自分がやりたい遊びを優先させたり押し通したりしてしまうため、みんなと楽しく遊びたいにもかかわらず、関係が何となくギクシャクしてしまいます。そこで、特別支援学校より1週間、経験者研修でいらしていた2名の先生方とのお別れの会「ありがとうの会」で行うゲームを2つ決めるという設定で、SSTの提供授業を行った実践です。

① スケジュールと学習のルールの明確化

　今日のSSTの学習がどのように展開されるのか、ホワイトボード等にその日のスケジュールを明示します。

　ここでは、スケジュールの他に、SSTを行う際のルールも示しています（図15）。

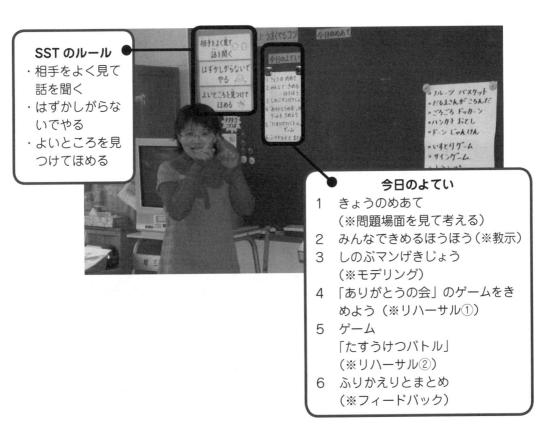

SSTのルール
・相手をよく見て話を聞く
・はずかしがらないでやる
・よいところを見つけてほめる

今日のよてい
1　きょうのめあて
　　（※問題場面を見て考える）
2　みんなできめるほうほう（※教示）
3　しのぶマンげきじょう
　　（※モデリング）
4　「ありがとうの会」のゲームをきめよう（※リハーサル①）
5　ゲーム
　　「たすうけつバトル」
　　（※リハーサル②）
6　ふりかえりとまとめ
　　（※フィードバック）

図15　スケジュール・学習のルール

② **グループ学習の場の設定**

　問題場面を見て話し合ったり、教示やモデリングでスキルを学んだりする、小集団学習の場となります。

　ここでは小学生ということもあり、学習態勢がある程度形成されている子どもたちであるため、いつも学習している机がある状態でSSTを行っています（図16）。子どもたちの実態によっては、机を取り払い、椅子だけを並べて集中しやすくするのもよいでしょう。

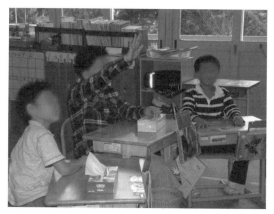

図16　グループ学習の場

③ **プレイエリア・プレイルームの設定**

　学んだスキルをリハーサルするためのゲームやその他の活動を行う際には、学習机よりも広いスペースが必要となります。図17は、スキルとして学んだ方法を活用し、「多数決バトル」（上野・岡田 ,2006）というゲームを行っているところです。

　ダイナミックに体を動かすゲームや活動を行う場合には、教室の隣にある「プレイルーム」を利用することもありました。いろいろな学級が学級活動を行ったり、学年ごとに学年集会を開いたりするための特別教室です。SSTの翌日、知的障害特別支援学級の子どもたちと合同で「ありがとうの会」を開催し、より広いプレイルームで楽しく活動、学習したスキルのよい般化の場となりました。ゆとりをもってSSTの指導プログラムを計画し、他の学級と調整の上、特別教室等を有効に活用するとよいでしょう（図18）。

図17　プレイエリアで「多数決バトル」

図18　プレイルームで「だるまさんがころんだ」

④ クールダウンエリアの確保

　SST は、いつも楽しくスムーズに展開できるわけではありません。子どもたちが話し合いやゲームの中で、自分と向き合い葛藤し、なかなか折り合いをつけられずに「クールダウン」が必要になる場合があります。この「自分と向き合う」「葛藤する」という作業は、子どもたちが自分で自分の感情や行動をコントロールし、折り合いをつけられるように成長するために、とても大切な時間です。刺激が少なく、一人になって落ち着くことのできる、クールダウンのためのスペースを確保しましょう。

　この教室では、校長室で使われなくなり廃棄される予定だったソファーをいただき、クールダウンエリアを作りました（図 19）。事前に使い方のルールを決め、子どもたちに伝えます。指導者に促されて利用する場合と、自分の状態を客観視できるようになると、自分から「休憩させてください」と申し出る場合もあります。ここにも、「気持ちの温度計」（P.35、図5）や「バケツメーター」（P.48、図 10）を準備し、「いかりのはけ口」としてたたいてもよいクッションなども置いておきます。

　子どもが落ち着き、活動に戻ることができた場合には、今の気持ちや状態を確認した上で、一人で感情や行動のコントロールができたことを評価し、フィードバックしましょう。そしてさらに、活動のルールやどうすればよかったのか等について、本人と簡単に確認をします。クールダウンエリアを活用し、自分で気持ちを立て直すことができたという経験が、子どもたちの大きな自信となっていくのです。

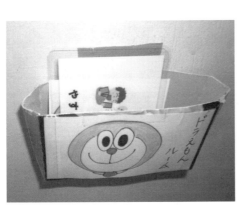

図 19　クールダウンエリア

第3章

ソーシャルスキル
トレーニング（SST）
ワークシート集

SST ワークシート集の内容

※　CD-ROM には、ここでは解説されていないワークシートや資料も、Word・PDF・パワーポイントで多数収録されています。子どもたちの実態に合わせてアレンジして、ご活用ください。

子どもたちの「困難さの状態」から、「指導上の工夫の意図」をもち、「手立て」を講じていきましょう！！

　第１章・第２章に示したように、支援は、子どもたちの困難さの状態を把握することからスタートするのが基本です。SST を楽しいものにするためには、取り上げるソーシャルスキルを指導者側の都合ではなく、子ども中心に捉え直し、子どもの側から考え組み立てることが必要です。そこで、まず、本人・保護者・学級担任の思いや願い、つまり SST を受ける子どもたちの教育的ニーズを捉えるためのアンケート用紙を収録しました。その上で、４つのワークシートを作成できるよう、CD-ROM には低・中・高学年別にその原本も収めました。ぜひ、関係者が連携し情報を共有しながら、目の前の子どもたちのための SST を計画し、展開していってください。

　また、ここには、第２章に示した「様々なソーシャルスキルの例」（P.28、表２）の中からいくつかを紹介し、自立活動の内容と関連づけながら解説を加えています。紙面の関係上、掲載が難しかった事例については、データのみ CD-ROM に収めました。ここに示した「教示」だけが正解というものではなく、「リハーサル」の仕方についても、もっとよいゲームなどがあるかもしれません。ぜひ、目の前の子どもたちのために先生方ご自身が考えを巡らせ、ワークシートをアレンジして、より楽しい実践につないでいってください。

SST ワークシート集の見方

　第3章では、小学校学習指導要領解説 各教科等編の配慮の例にならい、各実践事例を紹介します。以下、その見方を図示しますので、参考にしてください。

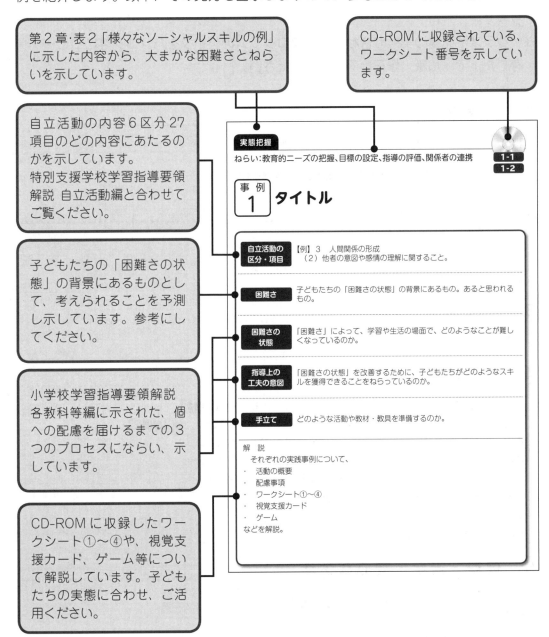

第2章・表2「様々なソーシャルスキルの例」に示した内容から、大まかな困難さとねらいを示しています。

CD-ROM に収録されている、ワークシート番号を示しています。

自立活動の内容6区分27項目のどの内容にあたるのかを示しています。
特別支援学校学習指導要領解説 自立活動編と合わせてご覧ください。

子どもたちの「困難さの状態」の背景にあるものとして、考えられることを予測し示しています。参考にしてください。

小学校学習指導要領解説 各教科等編に示された、個への配慮を届けるまでの3つのプロセスにならい、示しています。

CD-ROM に収録したワークシート①～④や、視覚支援カード、ゲーム等について解説しています。子どもたちの実態に合わせ、ご活用ください。

実態把握
ねらい：教育的ニーズの把握、目標の設定、指導の評価、関係者の連携
1-1
1-2

事例 1 **タイトル**

自立活動の区分・項目	【例】3　人間関係の形成 　（2）他者の意図や感情の理解に関すること。
困難さ	子どもたちの「困難さの状態」の背景にあるもの。あると思われるもの。
困難さの状態	「困難さ」によって、学習や生活の場面で、どのようなことが難しくなっているのか。
指導上の工夫の意図	「困難さの状態」を改善するために、子どもたちがどのようなスキルを獲得できることをねらっているのか。
手立て	どのような活動や教材・教具を準備するのか。

解　説
　それぞれの実践事例について、
・　活動の概要
・　配慮事項
・　ワークシート①～④
・　視覚支援カード
・　ゲーム
などを解説。

CD-ROM 収録データ タイトル一覧

※ 【事例○】と付してあるプログラムは、第3章に事例の解説が掲載されています。それ以外のプログラムの解説はなく、CD-ROM に収録されているデータのみとなります。

※ クラスや児童の実態に合わせ、各プログラムのデータをパソコン等にコピー・保存した上で、加筆・修正してご利用ください。

1 実態把握

1-1 「個別の指導計画」アンケート用紙（保護者・本人用）
1-2 「個別の指導計画」アンケート用紙（学級担任用）
⇒【事例1】子どもたちの困難さの状態を理解しよう！

2 ワークシート原本

2-1 ワークシート（低学年）
2-2 ワークシート（中学年）
2-3 ワークシート（高学年）

3 SST スタート

3-1 SST って、なあに？ ⇒【事例1】

4 学習態勢

4-1 しの助からの挑戦状「じょうずに見る」の術 ⇒【事例1】
4-2 しの助からの挑戦状「じょうずに聞く」の術（初級編） ⇒【事例2】
4-3 しの助からの挑戦状「じょうずに聴く」の術（中級編）
4-4 しの助からの挑戦状「じょうずに聴く」の術（上級編）
4-5 しっぱいは せいこうのもと（学習編） ⇒【事例3】
4-6 勝つも負けるも時の運 ⇒【事例4】
4-7 じゅぎょうの じゅんびは いつするの？
4-8 「感覚過敏」って、なあに？

5 健康・安全・安心な生活

5-1 あんぜんな とうげこう ⇒【事例1】
5-2 よりみち どうして いけないの？
5-3 「ひなんくんれん」って、なあに？

6　人間関係

7　コミュニケーション

8　情緒・メタ認知

9　資料　しの助劇場

ねらい：教育的ニーズの把握、目標の設定、指導の評価、関係者の連携

1-1
1-2

事例
1
子どもたちの困難さの状態を理解しよう！
「個別の指導計画」アンケート

※　SST 実施前の実態把握であるため、各項目についてのアンケートの有効性を記載しています。

自立活動の区分・項目	子どもたちに、自立活動のどの区分・項目の指導が必要かを考え、個別の指導計画を立案する際に、アンケートは有効です。
困難さ	本人・保護者・学級担任等と SST の指導者が、事前に記入してもらったアンケートをもとに、顔を合わせて話し合うことにより、子どもたちの困難さの背景にあるものが見えてきます。医療・保健・福祉等、関係機関からの情報があると、さらに詳しい背景が見えてきます。
困難さの状態	指導者には、SST の場面での子どもたちの姿しか見えないため、家庭や学校など、それぞれの場面で子どもたちが困っている状態を共通理解することにより、効果的な SST を展開することが可能となります。
指導上の工夫の意図	「困難さの状態」が分かり、「困難さの背景」が見えてくると、子どもたちが「どのようなスキルを理解し獲得できれば生活しやすくなるか」が見えてきます。
手立て	アンケートをもとに話し合った結果を踏まえ、第 2 章 4「指導プログラムを考え、ワークシートを作ってみよう」の手順に沿って、SST の展開を考えましょう。

　学習指導要領の今回の改訂により、特別支援学級や通級指導教室では、個別の指導計画の作成と活用が必須となりました。一年を目安とした長期目標、半期を目安とした短期目標を設定し指導を展開することとなりますが、年度末には一年の指導を振り返り、次年度の目標と支援の手立てを考えていくこととなります。

　その際に、あらかじめ記入してもらったアンケートをもとに情報を共有することで、家庭や在籍級など子どもたちが日々生活する場での適応の様子や課題が見え、関係者が連携して子どもたちの成長を支えることが可能となります。保護者や坦任によっては目指すところが高く、なかなか子どもの成長を見取ることが困難な場合もあるため、指導者が子どもたちの代弁者となり調整できるとよいでしょう。

アンケート（保護者・本人用）	アンケート（学級担任用）
「個別の指導計画」アンケート用紙（保護者・本人用）　　年　月　日 記入 ○ 各項目、該当する欄のみご記入ください。　小学校　年　組　児童名 【お子さんの成長や変化】1年前又は指導開始前と比べ、成長したと感じる点をお書きください。 学習面 行動面・対人関係面 その他 【保護者（家族）の思いや願い】次年度に向けて「こうなってほしい」という点をお書きください。 学習面 行動面・対人関係面 その他 【本人の思いや願い】本人が「こうなりたい」という思いを伝えられる場合は、お書きください。 【関係諸機関からのアドバイス等】共有したい事項等についてお書きください。 【その他】要望・悩み・困りごと等ありましたら、お書きください。	「個別の指導計画」アンケート用紙（学級担任用）　　年　月　日 記入 ○ 各項目、該当する欄のみご記入ください。　小学校　年　組　児童名　　担任名 【お子さんの成長や変化】1年前又は指導開始前と比べ、成長したと感じる点をお書きください。 学習面 行動面・対人関係面 その他 【学級担任の思いや願い】次年度に向けて「こうなってほしい」という点をお書きください。 学習面 行動面・対人関係面 その他 【関係諸機関からのアドバイス等】共有したい事項等についてお書きください。 【その他】要望・悩み・困りごと等ありましたら、お書きください。

◆本人の思いや願い

　お子さんによっては、自分の思いや願いをことばにして伝えることが可能な場合があります。特に、SST によるスキルの習得と自己理解が進むにつれて、自分の困難さや、「こうなりたい」「もっと、こんなスキルを知れたらいいな」という思いを伝えられるようになる場合も少なくありません。ぜひ、本人のニーズを確認し、支援に生かしていってください。

◆関係機関からの情報

　医療機関・保健センター・福祉事業所などからの情報には、困難さの背景にある障害特性や認知特性の理解につながる、専門家からの貴重な情報がたくさん含まれています。個別の指導計画を作成するこの機会に共有し、支援に生かしていきましょう。特に、諸検査の記録には、「子どもたちの支援に生かしてほしい」という専門家や保護者の思いと、科学的根拠に基づいた情報がたくさん詰まっています。

　個別の指導計画や学級経営誌の個票に綴って終わり‥‥とすることなく、SST にも生かしていきましょう。

ねらい：SSTの理解と見通し、ルールの理解と遵守、仲間意識 **3-1**

事例 1 SST って、なあに？

自立活動の区分・項目	3　人間関係の形成 （4）集団への参加の基礎に関すること。 （1）他者とのかかわりの基礎に関すること。
困難さ	想像力の障害・予期不安　など
困難さの状態	初めての場所での初めての活動や初対面の仲間に対し、先が見通せないことによる不安をもち、活動への参加や人との関わりが難しい場合
指導上の工夫の意図	SST では何を学習するのかについて見通しをもち、SST のルールや一緒に活動する仲間を理解することにより、安心して学習に参加することができるよう
手立て	しの助劇場「みんなのブランコをひとりじめ」 教示用シート「SST って、なあに？」「SST のやくそく」 ゲーム「きょうからともだち！ 　　　　〜 ○○さんのとなりの△△です 〜 　　　　〜 なかよくなろう、なまえパス 〜」 準備物：大きな名札・やわらかいボール

　発達障害の子どもたち、特に、自閉スペクトラム症の子どもたちには、想像力の障害と言われる特性があり、物事への見通しがもてないことから、予期不安を抱えやすい傾向にあります。また、限局性学習症の子どもたちは学習場面での負の経験から、注意欠如多動症の子どもたちは注意叱責を受け続けてきた経験から、活動に対して消極的になったり、拒否的になったりする傾向があります。

　こうした子どもたちも、初めての場で、初めての人と、初めての活動に見通しをもって安心して参加することができるよう、SST を開始するためのスタートプログラムが必要となります。このプログラムは、ワークシート②の劇から、SST とそのルールについて理解するとともに、2つのゲームを通して仲間と顔見知りになることをねらっています。

　なお、可能であれば、通級指導教室等での SST の様子を事前に見学してもらうことにより、新規の対象児もよりスムーズに参加することができるようになるでしょう。

ワークシート③
「『ソーシャル・スキル・
トレーニング』って、なあに？」

「ソーシャル・スキル・トレーニング」
って、なあに？

おともだちと、

|　　　　　　　　　　　　　　　| しないで、

すごすための　やりかたや　コツを　まなびます。

「ソーシャル・スキル・トレーニング」
の　やくそく

SST では、
　　みんなが　「たのしく　かつどうしたい＊」
　　　　　　　　　　　　　　　　と　おもっています。
つぎの　やくそくを　まもると、
　　みんなで　たのしく　かつどうすることが　できます。

あいてを　よく見て
話を　聞く

はずかしがらない
ふざけないで　やる

よい　ところを
みつけて　ほめる

ワークシート③
「『ソーシャル・スキル・
トレーニング』のやくそく」

みんなに見通しをもって
もらい、「SST って楽しそ
う！」と思ってもらうこと
が大切だよ！

亀のしの助

事例 1　しの助からの挑戦状
「じょうずに見る」の術

自立活動の区分・項目	3　人間関係の形成 （4）集団への参加の基礎に関すること。 6　コミュニケーション （1）コミュニケーションの基礎的能力に関すること。
困難さ	注意集中の困難・多動性衝動性・シングルフォーカス　など
困難さの状態	見るべき対象に目や意識を向けることができず、人と関わったり、指示を理解したりすることが難しい場合
指導上の工夫の意図	対象を見る際のコツが具体的に分かり、日常の学習・生活・対人等の場面で意識的に対象に目を向けることができるよう
手立て	しの助劇場「え〜っ？わかんない！」 教示用シート「"じょうずに見る"の術　できるかな？」 ゲーム「へんしんクイズ」「ジェスチャーゲーム」「トランプうすのろまぬけ」 準備物：紙風船の折り図・折り紙・トランプ

　学校生活では、教師に注目して指示を聞いたり、友達など周りの人の行動を見て活動したりするなど、常に「見る」ことが求められることから、低学年で身につけておきたいとても大切なスキルになります。しかし、発達障害の子どもたちにとって、注意を集中させたり相手に意識を向けたりすることはとても難しく、意図的に指導する必要があるスキルでもあります。また、「目を向ける」「体（おへそ）を向ける」という形式的なことが身についても、「意識を向ける」「意識的に見る」となると、それがどういうことなのか理解することはさらに難しくなります。

　そこでここでは、「目」「体」に加えて「意識を向ける」ことについて教示を行い、さらに、「意識」ということばが難しいことから、「注意・気持ち」と併せて伝えています。これに合わせてゲームを3つ用意しましたが、劇に出てくる「紙風船」の折り紙を仕上げ、風船遊びを取り入れるのもよいでしょう。日常的に手遊びなども多く取り入れ、子どもたちが楽しみながら「意識を向ける」場面を、たくさん設定していきましょう。

ワークシート③「『じょうずに見る』の術 できるかな？」

しの助 からの 挑戦状

「じょうずに見る」の術 できるかな？

◆ あいてに、

 や

を むける

これは、まあまあ かんたん・・・

◆ あいてに、

を むける

「このひとは なにを したいの？」

「そこに あるものは なに？」

「じぶんは それを 見て、どうすれば いいの？」

かんがえながら 見ることが とても たいせつ。

これが、なかなか むずかしい！
さて、みんなは できるかな？
挑戦状を うけてね！！

しのすけ

ぼくは、亀の"しの助"だよ。みんなに、いろんな術（ソーシャルスキル）にチャレンジしてもらえるように、時々「挑戦状」を持って遊びに来るよ！ どうぞ、よろしく！！

SST に特化しキャラクターを用意し、子どもたちが注目できるようペープサートにしたり、マグネットシールを貼って板書に活用したりするとよいでしょう。

ねらい：聞く、注目する、指示やルールの理解と遵守

事例 2 しの助からの挑戦状
「じょうずに聞く」の術（初級編）

自立活動の区分・項目	3　人間関係の形成 （4）集団への参加の基礎に関すること。 6　コミュニケーション （1）コミュニケーションの基礎的能力に関すること。
困難さ	注意集中の困難・聴覚情報の処理の困難・ワーキングメモリーの弱さ　など
困難さの状態	話している人に意識を向けたり、人の話を最後まで集中して聞いたりすることができず、指示を理解することが難しい場合
指導上の工夫の意図	話を聞くことの大切さを理解するとともに、話を聞く際のコツが具体的に分かり、日常の学習・生活・対人等の場面で意識的に話を聞くことができるよう
手立て	しの助劇場「みんなは、どこ？」 教示用シート「『じょうずに聞く』の術　できるかな？」 ゲーム「お～ちた、おちた」「せんちょうさんのめいれい」 準備物：ゲームのジェスチャーの図、船長さん等の絵

　「見る」ことと同様、「聞く」ことは、学校生活の基礎となる大切なスキルであり、「目を向ける」「耳を傾ける」というスキルとともに、「意識を向ける」「考えながら聞く」といったことの理解も支援することが求められます。そのために、「話を聞かないと、結果、どうなるのか？」「なぜ、聞くことは大事なのか」について、子どもたち自身が気づくことができるよう、「しの助劇場」の内容を考えました。

　ただ、「見る」こと以上に「聞く」ことは、学年が上がっても難しい児童が多いことから、このプログラムを「初級編」とし、「中級編」「上級編」をCD-ROMに収録しています（CD：4-3・4-4）。学年が上がっても、「じょうずに聞く（聴く）の術」に繰り返し取り組んでいくとよいでしょう。

　もちろん、子どもたちの強い認知特性で弱い部分をカバーできるよう、「話すときには視覚情報を準備する」ことを先生方も忘れずに、聞くことの苦手な子どもたちの困難さを軽減できるよう支援していってください。

ワークシート③ 「『じょうずに聞く』の術　できるかな？」

しの助（すけ）からの　挑戦状（ちょうせんじょう）

「じょうずに聞（き）く」の術（じゅつ）（初級編（しょきゅうへん））できるかな？

◆　聞かない…と、どうなるの？

①　つぎに、なにをするのか、わからない。

②　どうやるのか　わからない。

③　みんなと　いっしょに　おなじことが　できない。

④　けがをしたり、じこにあったり、じぶんの　いのちを
まもることが　できない。

> ※　こまるのは　じぶん
> ※　みんなに　めいわく
> ※　いのちを　なくすことも　ある

◆　じょうずな　聞き方（ききかた）

　と　　と　　で

目（め）　　　　耳（みみ）　　　　こころ

◆　しつもん（ききたいこと）が　あるときは？

①　はなしを　さいごまで　きいて、

②　てを　あげて、

③　さされてから、　しつもんします。

CD-ROM には、「中級編」
「上級編」も収録されているよ！

ねらい：失敗の受け入れ、気持ちのコントロール、試行錯誤、状況理解

事例 3 しっぱいは せいこうのもと（学習編）

自立活動の 区分・項目	2　心理的な安定 （1）情緒の安定に関すること。 （2）障害による学習上又は生活上の困難を改善・克服する意欲に関すること。
困難さ	気持ちのコントロールの困難さ・臨機応変な対応の困難さ・こだわり・状況理解の弱さ　など
困難さの 状態	正しいことへのこだわりから、自己の間違いを受け入れることができず、気持ちを切り替えて次に進むことが難しい場合
指導上の 工夫の意図	失敗や間違いは誰にでもあることや、その失敗や間違いから学び、次に生かしていくことが大切であることなどを理解し、一度落ち込んでも気持ちを切り替えることができるよう
手立て	しの助劇場「あ～あ、100点とれなかった・・・」 教示用シート「しっぱいは　せいこうのもと」 ゲーム「"しっぱいはせいこうのもと"すごろく」 準備物：すごろくシート、サイコロ、人数分のコマ

　100点がとれずに必要以上に落ち込んでしまう背景には、100点へのこだわりや気持ちのコントロールの難しさの他に、状況理解の弱さも影響していると考えられます。「誰にでも同様のことが起きている」ことに気づいておらず、一度は落ち込んでよいものの、「同じ失敗を繰り返さないよう振り返り、次にどうすればよいかを考える」ことの方が遙かに大切であることを伝えていく必要があります。

　すごろくゲームは、大きめの付箋紙に、子どもたちにありがちな学習上の「失敗例」を書き込み、付箋紙と付箋紙の間にドットシールを貼ってマスを作ります。付箋紙にコマが止まったら、「失敗例」を読み上げ、「そんなとき、どんな気持ちになりそう？」「こんなときどうする？」と問いかけ、学んだスキルを使って気持ちをコントロールしたり、対応策を考えたりできるようにします。

　そもそも、私たち大人が、「100点だけが素晴らしい」というメッセージを無意識的に送ってしまっていないか、振り返ることも大切ですね。

ワークシート③「しっぱいは　せいこうのもと」

「しっぱいは　せいこうのもと」

がんばっても

１００点をとれない時も
あるものです。

> あんなに勉強したの
> に、もう、ヤダ！！

> くやしいけど、
> しょうがない。

> しっぱいは、
> せいこうのもと！
> まちがいを直して、
> また、がんばろう！

また、同じしっぱいを
してしまいます。

次は、同じしっぱいを
しないようになります。

しっぱいから、わかること・学ぶことも　たくさんあります。
だから、おちこまなくても　だいじょうぶ！

しっぱいは　せいこうの　もと！

> 「６　人間関係」の項に、「しっ
> ぱいは　せいこうのもと（生活
> 編）・（友達編）」もあるよ！

ねらい：負けの受け入れ、気持ちのコントロール、状況理解

4-6

| 事例 4 | # 勝つも負けるも時の運 |

自立活動の区分・項目	2　心理的な安定 （2）状況の理解と変化への対応に関すること。 3　人間関係の形成 （4）集団への参加の基礎に関すること。
困難さ	こだわり・気持ちのコントロールの困難さ・状況理解の弱さ　など
困難さの状態	勝つことへのこだわりから、先を見通して最後まで頑張ったり、負けを受け入れたりすることができず、気持ちの切り替えが難しい場合
指導上の工夫の意図	ゲームは勝つこともあれば負けることもあるから楽しいこと、初め負けていても最後に勝つ場合もあること、負けても最後までみんなで活動すると楽しいことなどを理解し、悔しい気持ちをコントロールして活動に参加することができるよう
手立て	しの助劇場「負けそうだから、や〜めた！」 教示用シート「勝つも負けるも時の運〜勝つときもあるし、負けるときもあるから、おもしろい！〜」 　　　　　　　「ゲームをするときのやくそく」 ゲーム「みんなでいろんなじゃんけん大会！！」 準備物：新聞紙、床に線を引くためのテープ

　ここでの「しの助劇場」は、学年やゲームの内容は脚色してありますが、筆者が勤務する学校で実際にあったエピソードです。体育の授業中に ADHD のお子さんが学校を飛び出し、授業のない教職員全員で学校の裏山を捜索したことがありました。

　衝動性の高いお子さんは、自分の気持ちを心の中で言語化し、高ぶった気持ちをコントロールすることが難しい場合があります。ぜひ、ゲームを通して指導者が、「悔しいね！」「イライラするよね！」と共感したり、「最後まで頑張れたね！」とフィードバックしたりしてあげてほしいと思います。どうしても気持ちのコントロールが難しい場合には、他の SST で学ぶ「気持ちの温度計」を提示したり、「クールダウンコーナー」でタイムアウトしたりできるよう、環境を設定しておくとよいでしょう。

ワークシート③
「勝つも負けるも時の運
～勝つときもあるし、負け
るときもあるから、おもし
ろい！～」

ワークシート③
「ゲームをするときのやくそ
く」

ゲームを するときの やくそく

ゲームをすると 楽しいね。

でも、ゲームをすると、「勝つ人」と「負ける人」がいます。

負けた人が 泣いたり、怒ったりすると、

みんな 「つまらないなあ・・・」と 思います。

そこで・・・

① ゲームでは、ルールを 〔　　　　　　〕。

② じゅん番を 〔　　　　　　　〕。

③ ゲームのとちゅうで 負けそうになっても、〔　　　　〕
まで がんばります。

④ ゲームは、勝ち負けが 最後まで〔　　　　〕
から 楽しいのです。

⑤ ゲームで 負けても、〔　　　　　　〕
〔　　　　〕〔　　　　　　　　　〕。

⑥ 負けたときの おまじない。

「勝つも負けるも 時の運」

「くやしいな。でも、また今度 がんばろう！」

「しょうがない！ これは、ゲームだしね！！」

"ゲームをするときのやくそく" を 守ると、
みんなで 楽しく 遊べるね！
"おまじない" も 心の中で となえてね。

負けそうでも、最後まで頑
張れた自分に、自信と誇りが
もてるように、フィードバッ
クしよう！

ねらい:安全管理、自己理解、状況理解、気持ちや行動のコントロール

5-1

事例1 あんぜんな　とうげこう

自立活動の区分・項目	4　環境の把握 （2）感覚や認知の特性についての理解と対応に関すること。 （4）感覚を総合的に活用した周囲の状況についての把握と状況に応じた行動に関すること。
困難さ	注意集中の困難さ・注意の転導性・状況理解の困難さ・気持ちや行動のコントロールの苦手さ　など
困難さの状態	周囲の状況にまんべんなく注意を払い、気持ちや行動をコントロールしながら、安全に気をつけることが難しい場合
指導上の工夫の意図	登下校時の様々な状況を客観的に見つめることを通して、事故や事件に巻き込まれないためのポイントを理解できるよう
手立て	しの助紙芝居「どうなる？ひかるくん！」 教示用シート「あんぜんなどうろのあるきかた」 　　　　　　　「いか・の・お・す・し」 ゲーム「ぼうはん　かるた」 準備物：シーン①〜④の紙芝居（本書巻末）、防犯かるた

　発達障害のあるお子さんの中でも、特に、ADHD のお子さんは、多動性・衝動性とともに注意の問題を抱えている場合が多く、興味の有無によって注意の向け方に大きな偏りがある傾向にあります。そのためか、筆者が勤務する学校では、ADHD のお子さんが登下校の途中に交通事故に遭うといったケースが何度かありました。

　そこで、実際に体験したケースから４つのエピソードをモデリングとして提示できるよう、簡単な紙芝居を本書巻末に用意しました。裏表の組み合わせ方は、CD-ROM 内のワークシートに記載しています。また、リハーサルとしてのゲームでは、三島市・函南町の静岡防犯まちづくりアドバイザーによって作成された「みしま・かんなみ『防犯かるた』」を活用しています。ぜひ、サイトにアクセスし、事前にラミネートしたり、活動時間に合わせて枚数を考慮したりするなど、工夫して活用してください。

<参照>　みしま・かんなみ「防犯かるた」
　　　　　三島市ホームページ（更新日：2008 年 5 月 15 日）
　　　　　https://www.city.mishima.shizuoka.jp/ipn004761.html

ワークシート③
「あんぜんな　どうろの　あるきかた」「いか・の・お・す・し」

「あんぜんな　どうろの　あるきかた」

① とびだし
② かんがえごと
③ おしゃべり

こうつう　じこ！！

こうならないために

①とまれ　②よくみる　③よくきく　④まつ

てを　あげて、
ありがとうございます！

「いか・の・お・す・し」

いかない　のらない

おおごえでさけぶ　すぐにげる　しらせる

子どもにとって、"命を守る"ためのスキルは最重要スキルだね。交通安全教室だけでは十分ではないため、自己理解という意味でも、繰り返し確認しよう！

ねらい：援助を求める、他者を助ける、ヘルプサイン

事例 2 じょうずに　ヘルプサイン

自立活動の区分・項目	2　心理的な安定 （3）障害による学習上又は生活上の困難を改善・克服する意欲に関すること。 3　人間関係の形成 （4）集団への参加の基礎に関すること。
困難さ	援助を求めることの困難さ・他者への意識の弱さ　など
困難さの状態	困難に遭遇した際に他者に助けを求めることが難しく、難しいことにチャレンジしたり、初めての活動に参加したりすることが難しい場合
指導上の工夫の意図	誰でも難しいことや分からないこと、不安なことに遭遇する場合があることを理解し、適切なヘルプサインを出すことができるよう
手立て	しの助劇場「こまったな～、どうしよう？」 教示用シート「じょうずに　ヘルプサイン」 ゲーム「ヘルプサインで　ふっかつ！　線おに」 準備物：劇で使う折り紙、床に線を引くためのテープ、紅白帽子

　発達障害のあるお子さんは、学習面や生活面において困難さに遭遇することが多いことから、難しいことにチャレンジしたり、初めての活動に参加したりすることに不安を抱き、失敗を恐れて拒否的になってしまうことが少なくありません。

　今回は、困難に遭遇した際に見られる3つのタイプ（しくしくタイプ・おこりんぼタイプ・がんばりすぎタイプ）についての劇を用意しました。泣いたり怒ったりしても困難さや不安の解決にはならないこと、分からないまま独りで頑張りすぎてもよくないことを理解した上で、具体的にどのように「ヘルプサイン」を出せば援助を求められるのかを理解します。ゲームでは、「線おに」の活動を通して、援助を求め助けてもらう経験だけではなく、援助を求められた際に仲間を助ける経験もできるようにしました。学年が上がるにつれ、助けを求めることの内容が複雑化・抽象化することから、日々の会話を通して「困っていることはないか」「ヘルプサインを上手に出せているか」について、確認していくとよいでしょう。

ワークシート③
「じょうずに ヘルプサイン」

「じょうずに ヘルプサイン」

?! ?!

こどもでも、おとなでも、むずかしいことや わからないことに
ぶつかり、こまってしまうことが あります。

ないても おこっても かいけつは むずかしく、
がんばりすぎても ぐあいが わるくなってしまうことが あります。

こまったときは

Help Me!

わからないので、おしえて ください。

むずかしいので、てつだって ください。

つかれたので、きゅうけいを させてください。

おちつかないので、クールダウン したいです。

じょうずに 「ヘルプサイン」を だして、
げんきに すごしましょう！！

ゲーム「ヘルプサインで ふっかつ！線おに」

【やりかた】※床にいくつか線を引いておく（室内の場合はビニールテープなど）。

1 じゃんけんで オニをきめ、オニは ぼうしを あかに します。

2 オニは せんの うえにのり、ほかのひとも はなれたところの
　 せんの うえに のります。

3 せんから おちないように、せんのうえを はしったり、とびうつっ
　 たりしながら、オニごっこを します。

4 オニに タッチされたひとは、せんから おりて「ヘルプサイン」を
　 だし、たすけを まちます。

5 「ヘルプサイン」を だして、つかまっていないひとに タッチして
　 もらえたら、ふっかつして また オニごっこが できます。

6 じかんを きめて、さいごまで のこったひとが かち。

7 じかんがあるときは、おにを こうたいします。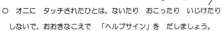

【ルール】

○ オニに タッチされたひとは、ないたり おこったり いじけたり
　 しないで、おおきなこえで 「ヘルプサイン」を だしましょう。

　■ だれか、たすけて〜！ ○○さん、たすけてくださ〜い！

　■ ○○さん、タッチしてくださ〜い！

　■ ○○さん、おねがいします！

○ たすけて もらったら、しっかり おれいを いいましょう。

　■ たすけてくれて、ありがとう！

大人も日々"ヘルプサイン"
を出して生活していることを積
極的に伝え、"ヘルプサイン"
を出しやすい環境をつくってい
くことが重要だよ。
　また、"ヘルプサイン"を出
せた際には、プラスの評価を伝
え、解決方法を一緒に考えてい
くことも大切だね。

事例 3　整え上手になろう！
～忘れ物・落とし物対策～

自立活動の区分・項目	1　健康の保持 （1）生活のリズムや生活習慣の形成に関すること。 （4）障害の特性の理解と生活環境の調整に関すること。
困難さ	注意の持続性・注意の選択性・注意の転導性・注意の分配など、注意の問題
困難さの状態	様々な注意の問題により、片付けができない、忘れ物や落とし物が多いなど、日常生活に支障を来すことがある場合
指導上の工夫の意図	自分自身の特性について理解し、具体的な手立てを身につけ、忘れ物や落とし物を減らすことができるよう
手立て	しの助劇場「給食当番のエプロンがない！」 教示用シート「整え上手になろう！」 ワーク「筆箱を視覚化してみよう！」 ワーク「お家の中の構造化・視覚化を考えよう！」 準備物：給食用エプロンの袋（実物でなくてもＯＫ）、ラベリング用シール（四角形・丸形）、ネームペン、四角い厚紙（視覚化用）、「忘れ物・落とし物対策ワークシート」（CD-ROM）

　ある対象に一定以上の注意を向け続ける（持続性注意）、多くの情報の中から必要な情報を見つけ出す（選択性注意）、ある対象に向いている注意をスムーズに別の対象に切り換える（転導性注意）、複数の対象に同時に注意を向ける（注意の分配）など、人は日常生活場面において、様々な注意力を働かせて生活をしています。

　この「注意」に障害をもつ子どもたちは、どうしても、忘れ物や落とし物が多くなります。低学年のうちは、家族や先生も手をかけ声をかけて支援してくれますが、中学年以上になるとなかなかそうもいかず、失敗経験や他者に迷惑をかけてしまったという自責の念から、ますます自己評価を低下させてしまうことがあります。

　そこで、このプログラムでは、自分の特性についての自己理解を図るとともに、「整え上手」として、自己支援するための具体的な手立てを指導することを試みています。自宅の視覚的構造化には、保護者の協力が不可欠です。連携して取り組みましょう。

ワークシート③「整え上手になろう！」

「整え上手になろう！」

◆ まずは、「自覚」することが大切！

> ぼく（わたし）は、忘れ物や 落とし物を しやすいから、気をつけよう・・・。

◆ 次に、「整え上手」になろう！

① 物は決まった場所に置き、使ったらもとにもどす。

→ 「ラベリング」して 気づけるようにする。【視覚化】

② 毎日持つ物は、箱を決めて一カ所にまとめる。【構造化】

→ 鍵、腕時計、定期券、携帯電話、名札 など、交換しない物

→ ティッシュ、ハンカチ、マスク など、交換する物

③ 時間がないときは、大きな箱にとりあえず入れる。【構造化】

→ 「とりあえずボックス」を 置く。

④ ドアにチェック項目をはって、確認する。【視覚化】

→ ■運動着 ■エプロン ■ハンカチ ■ティッシュ ■水筒

→ ■電気 ■ガス ■テレビ ■エアコン ■戸じまり など

⑤ 席を立って移動するときなどは、必ずふり返って指さし確認。

→ 忘れ物・落とし物は、ないかな？

◆ 最後は、ヘルプサイン！

□ ～は、とどいていませんか？

□ ～を、見ませんでしたか？ ～を、知りませんか？

□ ～を忘れてしまったので、貸してください。など

> このプログラムの他にも、CD-ROM には、
> 「これ、だれの？～なまえをかこう～」（5-9）
> 「これ、いる？いらない？～ぶんるいしよう～」（5-10）
> 「コマッタコマッタならないために～メモは大切な相棒
> 　～」（5-11）を収録しているよ。
> 発達段階に合わせ、機会を捉えて取り組むといいね。

事例 4　お金は、どこから？（金銭管理①）

自立活動の区分・項目	1　健康の保持 （1）生活のリズムや生活習慣の形成に関すること。 3　人間関係の形成 （3）自己の理解と行動の調整に関すること。
困難さ	先を見通し計画的に物事にあたることの困難さ・全体を把握する中枢性統合の弱さ・気持ちや行動をコントロールすることの困難さなど
困難さの状態	先を見通し、計画的に金銭を管理することが難しい場合
指導上の工夫の意図	「お金」が家に入る仕組みや使途が分かり、大切に使うべきものであることを理解できるよう
手立て	しの助劇場「これ、ほしいなあ。買って！買って！！」 教示用シート「お金は、どこから？」 おたより「お家の方へ」＜参考例＞ ワーク「冬休み　お手伝いにチャレンジ！」「お仕事の記録」 　　　　「お仕事をして思ったこと・お家の人から一言」 ゲーム「お手伝い　サイコロトーク」 準備物：大きなサイコロ、サイコロの目のお題６つ

　このプログラムは、保護者からの相談より生まれました。実際に、発達障害学生の支援にあたった際にも、こうしたスキルが身についておらず、一人暮らしに苦慮する大学生に出会ったことがあります。

　目に見えないことの理解の困難さや、全体を把握する中枢性統合の弱さから、先を見通し計画的に金銭を管理することが難しかったり、衝動性のコントロールの困難さから、思いのままに金銭を浪費してしまったりすることがあります。将来の経済的な自立を考えた際に、学齢期から理解すべきことはどんなことなのか、学齢期から身につけることが可能なスキルにはどのようなものがあるのか、そんなことを考え３つのプログラムを用意しました。「お手伝い」や「お小遣い」についての考え方は、各家庭で異なるため、家庭との連携を図った上で、取り組んでください。

ワークシート③「お金は、どこから？」

「お金は、どこから？」

◆　お金は、おうちの人が、毎日毎日　いっしょう
けんめい働いて、手に入るものです。おうちの人の
さいふから、わいてくるわけではありません。

◆　お金は、生きていくために、なくてはならない　とても大切
なものです。たとえば・・・

- ☐ 食べ物・飲み物　　☐ 電気・ガス・水道・とう油・電話
- ☐ 家賃（やちん）・家のローン　　☐ ガソリン・自動車・電車・バス
- ☐ 洋服・下着など　　☐ 学校にかかるお金
- ☐ トイレットペーパー・石けん　などの日用品
- ☐ 病院（びょういん）・薬（くすり）　　☐ ほけん（ケガ・病気など）
- ☐ しょうらいのために、預金（よきん）
- ☐ おこづかい　　☐ たまに、お楽しみ　などなど

◆　むだづかいをすると・・・

お金がなくなってしまい、家族みんながこまる
ことになります。なので、ほしい物をいつでも買っ
てもらえるわけでは、ありません。

◆　ほしいものがあるときは・・・

自分のおこづかいをためたり、働（はたら）いてお金を
かせいだりすることが、ひつようです。

> ことわざ：　働かざる者　食うべからず

　このプログラムの他にも、CD-ROM には「お仕事
ほうこく会（金銭管理②）」（5-13）、「お小遣い帳を
つけてみよう（金銭管理③）」（5-14）が収録されて
いるよ。家庭に向けた「おたより」もあるので、地域
やクラスの実態に合わせて、アレンジして使ってね。

事例 5 「学習発表会」って、なあに？
（学校行事⑤）

自立活動の区分・項目	1　健康の保持 （2）障害の特性の理解と生活環境の調整に関すること。 2　心理的な安定 （1）情緒の安定に関すること。
困難さ	先を見通せないことへの不安・いつもと異なる状況に適応することの困難さ・人から注目されることへの耐性の弱さ・気持ちや行動をコントロールすることの困難さ　など
困難さの状態	学校行事への見通しがもちにくく、不安に陥って気持ちをコントロールすることが難しい場合
指導上の工夫の意図	学習発表会の意義や参加の仕方が分かり、既習のスキルを生かして活動するとともに、自己の特性を理解し、自分に合った参加の仕方を周りの大人に相談することができるよう
手立て	しの助劇場「人前で発表するの　にがてなのに・・・」 教示用シート「『学習発表会』って、なあに？」「SSTを生かして」 　　　　　　「学習発表会をやりとげるコツ」 ワーク「みんなで番宣　プログラム　ピーアール」 準備物：資料「活動への参加の仕方」（CD-ROM）、玩具のマイク

　定型発達の子どもたちにとって、学校行事は「楽しみなもの」であるのに対し、発達障害のある子どもたちにとっては、そのほとんどがあまり楽しみなものではないようです。この場合も、子どもたちはけしてサボっているわけではありません。その障害特性ゆえに、先生から与えられる情報だけでは先を見通すことができず不安をぬぐえなかったり、学習上の困難さから活動そのものが難しかったり、失敗経験や感覚の過敏さから人が大勢集まる学校行事への参加が難しかったりする場合があるのです。

　本番当日はもちろんのこと、本番までの取り組みのスケジュールも詳しく視覚化して提示する他、教示用シートにあるような情報を視覚的に示したり、5-22・26資料「活動への参加の仕方」を示してヘルプサインを出せるようにしたりするなどの支援が必要となります。子どもたちが6年間を通して、スモールステップで学校行事に参加し、少しずつ成功体験を積んで自信につなぐことができると素敵ですね。

ワークシート③「『学習発表会』って、なあに？」

「学習発表会」って、なあに？

みんなの **学習の成果** と **心の成長** を、
発表を通して、おうちの人や地域の人に見せる日です。

♪ ＊ ＊ ＊ ♪
はっぴょうかい

学習の成果　　　　　　**心の成長**

- 国語　社会　算数　理科
  生活　音楽　図工　家庭
  体育　道徳　外国語
  総合　特別活動　など
- よく見て　よく聞いて
  よく考える力
- みんなで力を合わせて
  解決し、やりとげる力

- みんなと
  力を合わせる心
- 苦手なことに
  チャレンジする心
- 下級生を　思いやり
  上級生に　感謝する心
- まちがえても
  しっぱいしても、
  さいごまでがんばる心

発表の場　と　方法

◆ オープニング・フィナーレ：　話の聞き方、発表の見方、
　　　　　　　　　　　　　　　　拍手のし方

◆ プログラム発表：　練習の成果を発揮して、
　　　　　　　　　　よい姿勢・声の大きさ・わかりやすく

◆ 応援：　友だちのがんばりを見て、拍手をおくる
　　　　　まちがえたら、心の中で応援する

　大人はどうしても「０か１００」、つまり、「やるの？やらないの？」といった選択を子どもたちにさせてしまいがち。そういう空気を感じてしまった場合、失敗経験の多い子どもたちは、「０」を選択するしかなくなっちゃう。でも、CD-ROMにある5-22・26資料「活動への参加の仕方」や、他の２つの教示用シートにあるように、困難さに寄り添ってもらえたら、少しずつ「やってみようかな」という気持ちになるんだね。
　資料は先生方で共有した上で、常に子どもたちの側に置き、どんなときでもヘルプサインが出せるようにするといいね！

ねらい：進級・進学、援助を求める、自己理解

事例 6　ぼくの取り扱い説明書（進級・進学⑤）

自立活動の区分・項目	1　健康の保持 　（2）障害の特性の理解と生活環境の調整に関すること。 2　心理的な安定 　（3）障害による学習上又は生活上の困難を改善・克服する意欲 　　　 に関すること。 3　人間関係の形成 　（3）自己の理解と行動の調整に関すること。 4　環境の把握 　（2）感覚や認知の特性についての理解と対応に関すること。
困難さ	新しい環境への適応の困難さ
困難さの状態	新しい環境で新しい人間関係を築き、そこでの学習や生活（作業や仕事など）に適応することが困難な場合
指導上の工夫の意図	小学校での SST を通して理解を深めてきた自分の特性について、新たな環境で関わる人に必要な情報を伝えたり、必要な支援について理解を求めたりすることを通して、自分のよさを発揮しながら新しい生活環境に適応することができるよう
手立て	しの助劇場：なし 教示用シート「『ぼくの取り扱い説明書』とは？」「『ぼくの取り扱い説明書』の項目」「書く内容の整理の仕方」 ワーク「ワークシート A の記入」「ワークシート B の記入」

　いよいよ、SST の集大成となるプログラムです。子どもたちは、幼児期から学齢期、青年期から成人期へと移行するにつれ、徐々に自分で他者との関係を構築し、社会に適応していく力が求められます。

　特に、学校の卒業を間近に控え、就労移行支援を受ける年齢になると、企業に自らを説明し必要な支援を求める力が必要となります。自身の障害を公開して企業のサポートを受ける場合、エントリーシートに「ナビゲーションブック」（自分の障害について伝える書類）の提出を求める企業が増えています。「ぼくの取り扱い説明書」を書く作業を通して、まずは中学校の先生方に自身のことを説明するこのプログラムは、近い将来の就労を見据えたプログラムとなっています。

ワークシート③「『ぼくの取り扱い説明書』とは？」

 ## 「ぼくの取り扱い説明書」とは？

　これから先、次の学校へ進学したり、会社に就職したりした際に、新しい環境で、初めて出会う人と関係を築くことが必要となり、

- ・　自分のことを、どう説明すればよいのだろう・・・？
- ・　自分のことを、どう分かってもらえばいいのだろう・・・？
- ・　新しい環境で、自分で自分に、どう対処すればいいのだろう・・・？
- ・　周りの人に、どうサポートしてもらえばいいのだろう・・・？

などの不安を抱えることがあります。そんなとき、みなさんを助けてくれるのが、「ぼくの取り扱い説明書」の考え方です。

◆　**だれに説明するの？**　→　初めて一緒に活動（仕事）をする人

◆　**何を説明するの？**

- →　自分の得意なこと、苦手なこと
- →　自分の特性や課題と、それへの対処法（自分で工夫している対処法等）
- →　他者にお願いしたいこと　など

◆　**何のために説明するの？**

- →　自分と周りの人が互いをよく理解し、安心して活動（仕事）をするため。
- →　完成することよりも、作成する過程で自分のことを見つめ直し、整理し、より理解を深めるのに役立てることが大切。
- →　自分のことをよく理解してくれている支援者と一緒に作成し、自分の状況や置かれた環境の変化に合わせて、作成し直していくことも必要。

　どのプログラムにも言えることだけど、子どもたちの社会への出口を見据えつつ、彼らの困難さや辛さに寄り添った支援が大切だね。そうすることで、彼らも自分のよさを発揮して、社会の一員として生きていけるんだよね。
　CD-ROM に収録されている3つの資料を活用して、みんなが安心して中学校へ羽ばたける「ぼくの取り扱い説明書」が書けるといいね！

ねらい：あいさつとへんじ、状況理解

6-1

事例 1　あいさつと　へんじは　まほうのことば

自立活動の区分・項目	3　人間関係の形成 　（1）他者とのかかわりの基礎に関すること。 6　コミュニケーション 　（5）状況に応じたコミュニケーションに関すること。
困難さ	他者の気持ちや状況の理解の困難さ・相手や場の状況に合わせたコミュニケーションの苦手さ　など
困難さの状態	場と状況に合わせてあいさつしたり、返事をしたりすることが難しい場合
指導上の工夫の意図	あいさつや返事の意義、あいさつしてくれる相手の気持ちなどを理解し、場と状況に応じたあいさつや返事をすることができるよう
手立て	しの助劇場「どうして、あいさつ　してくれないの？」 教示用シート「あいさつとへんじは　まほうのことば」 ワーク「こんなとき、なんていう？」 ゲーム「あいさつ　ど〜ん！じゃんけん」 準備物：床に線を引くためのテープ、○×カード、あいさつカード

　あいさつや返事については、乳幼児期の保育所や幼稚園等における集団生活を通して身についていくものですが、対人関係やコミュニケーションの困難さをもつ発達障害の子どもたちにとっては、意図的にその意義や、あいさつしてくれる他者の心情を学ぶ機会が提供されないと、習得が難しい場合があります。

　人間関係を形成する上であいさつは欠くことのできないものですし、日々の学習や学校生活において呼名される機会は多いため、ぜひ、低学年のうちに、取り組みたいスキルです。しかしながら、お子さんによっては、人前での言語の表出が難しいケースもあることから、「相手の方に体を向けて会釈する」「呼ばれたら顔を上げる」など、仕草やジェスチャーでもOKとすることも必要です。また、相手と視線を合わせることが難しいお子さんには、「あごや首のあたりを見るといいよ」など、具体的な代替手段を伝えることも必要となります。こうした実態も、彼らの障害特性として理解し受け入れた上で、彼らが実践しやすいスキルを共に考えることが大切です。

ワークシート③ 「あいさつとへんじは　まほうのことば」

「あいさつと　へんじは　″まほうのことば″」

 おはよう  こんにちは

こんばんは　　おやすみ

 はい！

あいさつをしても、なまえをよんでも、へんじがないと・・・
ひとは、かなしく　いやなきもちに　なります。

ひかるくん、おはよう！

げんきな　あいさつやへんじは、
とてもきもちがよく、ひとに　えがおと　げんきを　くれます。

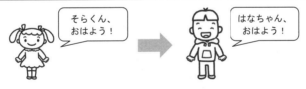
そらくん、おはよう！　はなちゃん、おはよう！

あいさつと　へんじには　ふしぎなちからが　あるね。
まるで″まほう″　みたい！
あいさつと　へんじ、みんなは　できているかな？

″あいさつ″と″返事″は、将来の就労に向けても
基本となるスキルだね。日々の生活の中で、少しずつ
意識してできるようになるといいね。

| 事例 2 | # 分身の術（客観視）
～自己中心的なふるまいに気をつけよう～ |

自立活動の 区分・項目	3　人間関係の形成 （2）他者の意図や感情の理解に関すること。 （3）自己の理解と行動の調整に関すること。
困難さ	他者の気持ちや状況の理解の困難さ・自分の気持ちや行動のコントロールの苦手さ・メタ認知の弱さ　など
困難さの 状態	意図理解や状況理解が難しく、自分本位なもの言いや行動をしてしまう場合
指導上の 工夫の意図	自己中心性について知るとともに、学校生活において他者の気持ちや利益を優先しなければならない場面があることを理解し、自分を客観視して自己統制することができるよう
手立て	しの助劇場　「①節分　②牛乳当番　③キーホルダー　④ボスはぼく　⑤1年生といすとりゲーム」 教示用シート「分身の術（客観視） 　　　　　　　～自己中心的なふるまいに気をつけよう～」 ゲーム「ゆずってあげよう！いすとりゲーム」 準備物：劇に使用するキーホルダー、「1年生」の名札、シール

　CD-ROMには中学年用のワークシートを用いて、中学年用のプログラムとして準備していますが、実はこのエピソード、筆者が担当した2年生の児童に実際に起きた問題場面です。立て続けに問題場面が起きたことから、学級担任より相談がありました。とても難しいことを取り上げていますが、このグループの子どもたちはみんな、かなりIQが高いASD児のグループでしたので、対人関係を論理的に伝えた方が入りやすいのではないかと考え、このような教示用ワークシートとなりました。

　人の気持ちを感覚的に理解することは苦手であっても、「"自己中心性"とはこういうことです」「人はこう思っている。だから、世の中こういう仕組みになっています」ということを論理的に伝えます。それができなければ、みんなから「あれ？」と思われるわけですが、そうならないための「自己の客観視」については、視覚的に伝えた方が分かりやすいと考え、図示しました。ぜひ、実践してみてください。

ワークシート③
「分身の術（客観視）～自己中心的なふるまいに気をつけよう～」

分身の術（客観視）
～自己中心的なふるまいに気をつけよう～

自己中心性とは

「自分」と「他人」を区別できないこと。
自分の利益や主張を優先してしまい、他人
の思いを理解することがむずかしい状態。

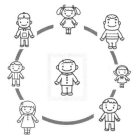

場の状況から、他の人の気持ちや利益を考えて、自分の思い
をおさえることが必要な場合があります。例えば、

① 「節分」→みんなも「豆を拾いたい」と思っている。みんなで豆を分け合えば、みん
　なが笑顔になって、みんなに福が来る。
② 「牛乳当番」→どの係もそれぞれに大変さがあり、みんながんばっている。そら君
　と力を合わせれば、みんなでおいしい給食が早く食べられる。
③ 「キーホルダー」→人がその人のお金で手に入れた物は、その人の物であり大切な
　物。自分もほしいときには、自分のこづかいをためて、手に入れる。
④ 「ボスはぼく」→みんなもボスをやりたいと思っている。順番にみんなで役割を交代
　して遊べば、みんなが楽しく遊ぶことができる。
⑤ 「1年生といすとりゲーム」→今日は、1年生を楽しませるための会。1年生が楽し
　めると、1年生も学校が好きになり、上級生となかよくなれる。

分身の術（客観視）

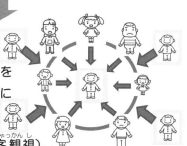

そのためには、自分の「分身」を
つくり、他人から自分がどのように
見えているか、自分で自分を
客観的に見ることが大切です（客観視）。

学校では、日々様々な問題場面を目にするけれど、
子どもたちの特性という視点から理解すると、解決策
が見えてくるね！その子たちの理解力に合わせて、ス
キルの伝え方を工夫するのも、支援のコツだね。

ねらい：失敗の受け入れ、気持ちのコントロール、状況理解、結果予測

6-12

<table>
<tr><td>事 例</td><td rowspan="2" style="font-size:larger">3</td><td rowspan="2"></td></tr>
</table>

事例 3　しっぱいは　せいこうのもと（生活編）

自立活動の区分・項目	2　心理的な安定 （1）情緒の安定に関すること 3　人間関係の形成 （3）自己の理解と行動の調整に関すること。
困難さ	気持ちのコントロールの困難さ・結果を見通しての臨機応変な対応の困難さ・状況理解の弱さ　など
困難さの状態	失敗をしてしまった際に、場の状況から結果を予測し、気持ちを切り替えて正しい行動を選択することが難しい場合
指導上の工夫の意図	生活場面で失敗した際に、自分がどのような行動を取りがちであるかに気づき、どうすることがよい結果につながるのかを考え、気持ちを切り替えてよりよい対処法を選択することができるよう
手立て	しの助劇場「あっ、やっちゃった！この後、どうなる？」 教示用シート「しっぱいは　せいこうのもと（生活編）」 ゲーム「すなおに　あやまり　きょうりょく　パズル」 準備物：パズル（16〜20ピース）×チーム数分

　「しっぱいはせいこうのもと（学習編）」で学んだ、「失敗は誰にでもある」ということ、「同じ失敗を繰り返さないためには、失敗を振り返り、次にどうすればよいかを考えることが大切である」ということを踏まえた上で、このプログラムでは、生活上の失敗への対応について考えていきます。子どもたちを見ていると、失敗した際に知らんぷりをしてしまうタイプ、泣いてやり過ごそうとするタイプ、正直に伝えられず嘘をついてしまうタイプなどがあるようです。そこで、「しの助劇場」も短編で3つのタイプについて演じた後に、正直に失敗を告白して謝罪し、結果を予測して対応を考えるタイプのモデリングも用意しました。それぞれのタイプを見せた後に、この後どうなるかを考え、しっかり振り返り反省することが、次の失敗を回避することにつながるということに気づいていけるとよいでしょう。

　また、日頃から、失敗を失敗に終わらせず、「いい学びができたね」と価値付けする関わりをもつことが、何よりも大切です。

ワークシート③「しっぱいは せいこうのもと（生活編）」

「しっぱいは せいこうのもと（生活編）」

しっぱいを うやむやに しちゃうと・・・

知らんぷりタイプ

泣き虫タイプ

うそつきタイプ

あれ〜？！この間と、また同じ
しっぱいを しちゃったよ。
どうして、ぼくは いつも
こうなんだろう？？？

また、同じしっぱいを
くりかえす。

しっぱいを しょうじきに つたえて はんせいすると・・・

あ〜、やっちゃった。
しょうがない・・・。
〜して、ごめんなさい。
こんどから、気をつけます。

しょうじき者タイプ

この前、はんせいした
ことに 気をつけたら、
うまく できたよ！！

次は、同じしっぱいを
しないようになります。

しっぱいから、わかること・学ぶことも たくさんあります。
だから、おちこまなくても だいじょうぶ！

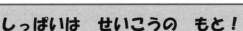
しっぱいは せいこうの もと！

「4 学習態勢」の項で学んだ、「しっぱいは せい
こうのもと（学習編）」も振り返り、思い出せるといいね。

ねらい：他者の失敗の受け入れ、他者の感情の理解、気持ちのコントロール **6-15**

事例 4 しっぱいは せいこうのもと（友達編）

自立活動の区分・項目	3　人間関係の形成 （2）他者の意図や感情の理解に関すること。 （3）自己の理解と行動の調整に関すること。
困難さ	こだわり・他者の感情を理解することの困難さ・気持ちや行動のコントロールの困難さ　など
困難さの状態	失敗をした他者の気持ちを理解することが難しく、正しいことにこだわって責めてしまうなど、気持ちを切り替えて相手に対応することが難しい場合
指導上の工夫の意図	他者の失敗に対し、自分がどのような行動を取りがちであるかに気づくとともに、失敗した他者の気持ちを理解し、自分の気持ちを切り替えてよりよい対処法を選択することができるよう
手立て	しの助劇場「あっ、見ちゃった！この後、どうなる？」 教示用シート「他人のしっぱいも　せいこうのもと(友達編)」 ゲーム「じょうずに アドバイス 協力 神経衰弱」 準備物：トランプ

　「しっぱいはせいこうのもと」の "学習編" や "生活編" での学びを通して、自分の失敗の受け入れは少しずつ良好になりますが、他者の失敗に対しては、どうしたらよいか分からず戸惑ってしまったり、寛容になることができずに必要以上に責めてしまったりすることがあるようです。

　そこで、この "友達編" では、他者が失敗した際に知らんぷりをしてしまうタイプ、失敗した人の気持ちを理解できずに、他の人に告げ口したり責めたりしてしまうタイプ、失敗した人の気持ちに寄り添い助けたり助言したりするタイプのモデリングを用意しました。それぞれのタイプについて、この後どうなるかを考え、他者の失敗から学ぶことも多くあること、失敗して困っている人を助けることにより、自分が失敗したときに助けてもらえることなどについて、考えていけるようにします。

　日頃から、当事者本人の了解を得た上で、一人の困り事や失敗について、みんなで考えアドバイスするといった経験を積み重ねていけるとよいでしょう。

ワークシート③「他人のしっぱいも　せいこうのもと（友達編）」

「他人のしっぱいも　せいこうのもと（友達編）」

人の　しっぱいを　見かけたら・・・？

知らんぷりタイプ　　　つげ口タイプ　　　こうげきタイプ

> わざとじゃないのに・・・。
> どうして、知らんぷりするの？
> どうして、つげ口されるの？
> どうして、せめられるの？
> そんなの、ひどいよ！

かなしくて、
いやな気もちになる。

たすけて　アドバイスして　あげると・・・

> だれにでも、
> しっぱいはあるよ！
> 手伝ってあげるから、
> こんどから、
> 〜するといいよ。

> たすけてくれて、
> ありがとう！！
> こんどから、
> 気をつけるね。

アドバイスタイプ　　　うれしい気持ちになり、いつか自分が
こまったときに、たすけてくれる。

人のしっぱいから、わかること・学ぶことも　たくさんあります。
できることをしてたすけたり、アドバイスしたりするといいね！

他人の　しっぱいも　せいこうの　もと！

> 「しっぱいは　せいこうのもと（学習編）（生活編）」
> も思い出せるといいね。

ねらい：気持ちや動きを合わせる、協力・協働

6-19

事例 5 みんなと　動きを　合わせよう

自立活動の区分・項目	2　心理的な安定 （2）状況の理解と変化への対応に関すること。 3　人間関係の形成 （2）他者の意図や感情の理解に関すること。 6コミュニケーション （5）状況に応じたコミュニケーションに関すること。
困難さ	こだわり・他者の感情を理解することの困難さ・気持ちや行動のコントロールの困難さ・中枢統合や実行機能の弱さ　など
困難さの状態	自分の思いや状況と他者の思いや状況を整理し、折り合いや段取りを付けて仲間と動きを合わせ行動することが難しい場合
指導上の工夫の意図	事例を通して「人と動きを合わせるコツ」やその際の「声のかけ方」について具体的に教示を示すことにより、他者と声をかけ合いながら動きを合わせることができるよう
手立て	しの助劇場「もう、行かなきゃ！！」 教示用シート「人と　動きを　合わせるコツ」 ゲーム「新聞風船運び」 準備物：新聞紙、風船（チーム各1）、三角コーン

　このプログラムも、実際にあったある児童のエピソードから生まれています。本人は、「委員会活動を頑張りたい！」という一心でいるのですが、一生懸命であるからこそうまく折り合いや段取りが付けられず、その前に「やらなければならないこと」が抜けてしまい、結果、周りの友達に迷惑をかける結果になってしまいます。

　発達障害の子どもたちは、多くのやるべき事が目の前にあった場合、情報を整理し優先順位を付けることが難しくなる場合があります。「周りをよく見て、人と動きを合わせられるように考えなさい」という指示だけでは、具体的にどうすればよいのかが分からず、戸惑ってしまうのです。

　ゲームでは、「作戦タイム」が鍵になります。早く風船を運ぶことよりも、互いの思いに耳を傾け協力して動きを合わせようとしているかを、積極的に評価しましょう。

ワークシート③
「人と 動きを 合わせるコツ」

「人と 動きを 合わせるコツ」

仲間と共に生活し、動きを合わせるためには、「**自分**」と「**相手・周りの人**」との間に、「**折り合い**」や「**段取り**」をつけ、「**先を見通して動く**」必要があります。学校生活を通して、少しずつ練習していきましょう。

① **自分の動きや予定**を、しっかり把握しておく。
→ ひかる君： 給食当番であり、健康委員会の集まりもある。

② **相手の動き**や、**周りの様子**を、よく見る。
→ みんな： 給食当番。配膳室に片付けに行こうとしている。

③ 相手は「どうしたいのか？」、周りは「どうしてほしいのか？」、**気持ちを考える**。
→ みんな： ひかる君に、給食当番の仕事をしてから、健康委員会に行ってほしいと思っている。

④ 相手の「こうしたい」がかなうためには、自分は「**どうすればよいか**」を考える。
→ ひかる君： 早く給食を食べ終え、ランチョンマットの片付けや歯みがきも早く終わらせて、給食当番の仕事も終わらせる。

⑤ **相手が分かるように**、相手に**いやな思いをさせないように**、声をかけたり、相談したりする。

□ 「次に、〜しても、いいかな？」
「先に、〜しても、だいじょうぶかな？」
「もう少し早くても（遅くても）、だいじょうぶ？」
「がんばるから、少し、待っててね。」
など、**相手の様子**を確認する。

□ 「はい！」「よし今だ！」「せえの！」など、**タイミング**を伝える。

□ 「その調子！」「〜に気をつけて！」「もう少し、右（左・上・下）」など、**あったか言葉**で伝える。

□ 「ぼく、〜なので、○○君、〜してくれる？」
「〜してから、〜するね。」
「後で〜するから、そのまま置いておいてくれる？」
など、**代わりの案を提案**する。
→ ひかる君：
「ぼく、1時から健康委員会の集まりがあるから、先に給食の片付けをしてしまっても、いいかな？」
「1時から健康委員会の集まりがあるんだ。だいち君が委員会のあるときに、ぼくが代わりに給食当番をやるから、今日は、だいち君に代わりをお願いしても、いいかな？」

なかなか難しいスキルだけど、ゲームを通して相手の思いや動きに意識を向けたり、人と動きを合わせたりするコツをつかめるといいね。

ねらい：家族間での人間関係・対人スキル

事例 6 "きょうだい" だって、SST

自立活動の区分・項目	3　人間関係の形成 （2）他者の意図や感情の理解に関すること。 （3）自己の理解と行動の調整に関すること。
困難さ	こだわり・他者の感情を理解することの困難さ・気持ちや行動のコントロールの困難さ・暗黙の了解の苦手さ　など
困難さの状態	家族間であっても、「暗黙の了解」として適切な関わり方があることを理解した上で接することが難しい場合
指導上の工夫の意図	「家族は最も小さな社会の単位」であることを理解し、家族に対しても、SSTで学んだスキルを実践することができるよう
手立て	しの助劇場「まけそうだから、ルールをかえちゃえ！！」 教示用シート「『かぞく』は　いちばん小さな『しゃかい』」 ゲーム「SSTでトラブルかいひ　きょうだいなかよしすごろく」 準備物：トランプ、すごろく、サイコロ、コマ

　「教室では、通級指導教室で学んだスキルを生かして過ごせているのに、家族になると、特に弟に対してはマイペースさが以前のままで、ケンカが絶えなくて困っています」という母親の相談から生まれたプログラムです。

　子どもたちにとって家族とは特別なものであり、一番心を許せる相手でもあるのですが、最も身近で関わらない日がない関係だからこそ、悩みが大きくなる場合があるようです。また、そこには、「家族であっても・・・」という、発達障害の子どもたちが苦手とする「暗黙の了解」が大前提としてあることを忘れてはいけません。

　そこでここでは、「家族＝最も小さな"社会"」「よって、SSTで学んだスキルを実践する対象である」ということを、簡単なソーシャル・ストーリーを用いて解説しています。「親しき仲にも礼儀あり」というところでしょうか。

　一生、関係を維持し、関わり合って生きていかなければならない関係であるからこそ、互いを思いやり助け合っていかなければならないことに、発達段階に応じて気づいていけるとよいでしょう。

ワークシート③ 「『かぞく』は　いちばん小さな『しゃかい』」

「かぞく」は　いちばん小さな「しゃかい」

◆　**SST・・・とは？**

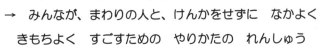

S：　ソーシャル　　＝　社会的な ^{しゃかいてき}

S：　スキル　　　　＝　技能 ^{ぎのう}

T：　トレーニング　＝　訓練 ^{くんれん}

→　みんなが、まわりの人と、けんかをせずに　なかよく

きもちよく　すごすための　やりかたの　れんしゅう

◆　**SST の「S」は、「社会」**

「かぞく」は、いちばん小さな「人のあつまり」。

まい日、おたがいを　たすけあい、

かかわりあって　いきています。

つまり、「かぞく」は、いちばん小さな「社会」なのです。

◆　**"きょうだい" だって、「SST」**

べんきょうしてきた「SST」を、"きょうだい"に　おき

かえて　ふりかえって　みましょう。

べんきょうしてきた　たくさんの　「スキル」を、"きょ

うだい"や"かぞく"と　かかわるときにも、つかえて

いますか？

> **"きょうだい（かぞく）" だって、SST**

家族と言っても、最低限のマナーとルールは必要だね。CD-ROM には、「思春期、到来！！」のプログラムも収録されているよ。目に見えない、何だかモヤモヤする親との関係も、目に見える形で解説してあげると安心だね！

事例 1 あったかことば・チクチクことば

自立活動の区分・項目	3　人間関係の形成 （2）他者の意図や感情の理解に関すること。 6　コミュニケーション （5）状況に応じたコミュニケーションに関すること。
困難さ	他者の感情理解の弱さ・衝動性のコントロールの弱さ　など
困難さの状態	自分が発する言語が人にどのような影響を与えることになるかの理解が難しく、衝動的なもの言いをしてしまう場合
指導上の工夫の意図	言語がもつ目に見えない力を、「あったかことば」「チクチクことば」として理解し、それぞれどのようなことばが含まれるかを考えることにより、相手の気持ちを考えたコミュニケーションをすることができるよう
手立て	しの助劇場「そんな　いいかた　しなくても・・・」 教示用シート「あったかことば・チクチクことば」 ワーク「"あったかことば"と"チクチクことば"にわけてみよう」 ゲーム「"あったかことば"で　なかよしボーリング」 準備物：あったかことば・チクチクことば掲示用シート（CD-ROM）、 　　　　ことばが書かれたカード、ボール、ピン、得点表

　知っていることばを深く考えずに口にしてしまい、相手を悲しい気持ちにさせてしまうという場面に遭遇することがあります。これは、その子の性格的な問題からくるものではなく、ことばも気持ちも「目に見えない」というところに、その原因があります。

　そこで、ここでは、「あったかことば」「チクチクことば」の掲示用シートや、教示用シートを使い、ことばが人に与える影響について視覚化し、具体的に学びます。そして、理解したことばを分類するワークや、チームで対抗するゲームを通して、それぞれのことばを使ったときの自分の"気持ち"や、言われた側の"感情"を実感できるようにします。「あったかことば」を使えたこと、「チクチクことば」を我慢できたことを、しっかりフィードバックしていくことが大切です。

ワークシート③「あったかことば・チクチクことば」

「あったかことば」って、なあに？

「あったかことば」とは・・・

ひとを　| あったかい　きもち |　にする　ことば。

「あったかことば」を　いわれると・・・

げんきになる	がんばりたくなる	たのしくなる
うれしくなる	しあわせになる	やさしくなる
すなおになる	るんるんする	えがおになる

「チクチクことば」って、なあに？

「チクチクことば」とは・・・

ひとを　| かなしい　いやなきもち |　にする　ことば。

「チクチクことば」を　いわれると・・・

げんきがなくなる	パワーがでない	つまらなくなる
かなしくなる	さびしくなる	つらくなる
なきたくなる	おこりたくなる	きらいになる

CD-ROM に、2枚の掲示用シートが収録されているよ。いつも見えるところに貼っておくといいね！

ねらい：相手の気持ちの理解、衝動的な行動の制御

7-2

事例 2 あったかしぐさ・チクチクしぐさ

自立活動の区分・項目	3　人間関係の形成 （2）他者の意図や感情の理解に関すること。 6　コミュニケーション （4）コミュニケーション手段の選択と活用に関すること。
困難さ	他者の感情理解の弱さ・衝動性のコントロールの弱さ　など
困難さの状態	自分が示す表情や仕草などが、人にどのような影響を与えることになるかの理解が難しく、衝動的に不適切な行動をしてしまう場合
指導上の工夫の意図	コミュニケーションは音声言語のみで行われるものではないことを理解し、「あったかしぐさ」「チクチクしぐさ」に気をつけながら、相手の気持ちを考えたコミュニケーションができるよう
手立て	しの助劇場「はぁ・・・」「えがおで　にっこり」 教示用シート「あったかしぐさ・チクチクしぐさ」 ゲーム「"あったかしぐさ"で　テーブルテニス」 準備物：卓球台またはテーブル、手作りラケット、ボール、得点板 　　　（詳細は、CD-ROM 内のワークシートを参照）

　「あったかことば・チクチクことば」を学習し、ことばの衝動性を制御できるようになったものの、表情・仕草・ジェスチャー等で、相手を不快にさせてしまったエピソードから誕生したプログラムです。こうした行動は、他者が音声言語以外のものからも多くの情報をキャッチしていることが分からなかったり、体育の授業での勝敗など自分の欲求が通らないことで、衝動性のコントロールが難しかったりする場合に見られます。そこで、「あったかことば」「チクチクことば」の応用編として、表情や仕草、ジェスチャーや行動が人に与える影響について視覚化し、学べるようにしました。

　特に、ワークは設けませんでしたが、子どもたちと話し合う中で、どんな表情や仕草をされたときに悲しくなるか、それぞれの体験を共有できるとよいでしょう。ゲームでは、2～3人のチームでテーブルの周りを守り、声を掛け合うことが求められる「テーブルテニス」を用意しました。「あったかしぐさ」ができたこと、「チクチクしぐさ」を我慢できたことを、しっかりフィードバックしてあげてください。

ワークシート③ 「あったかしぐさ・チクチクしぐさ」

「あったかしぐさ・チクチクしぐさ」

ひとは、こえに　だす　「ことば」だけではなく、

◆　かおの「**ひょうじょう**」　　◆　ちょっとした「**しぐさ**」

◆　からだを　うごかす「**ジェスチャー**」

でも　コミュニケーションしたり、きもちを　つたえたり　うけとったり

しています。

「あったかしぐさ」って、なあに？

ひとを　あったかい　きもち　にする　しぐさ。

「あったかしぐさ」を　されると・・・

げんきになる　がんばりたくなる　たのしくなる

うれしくなる　しあわせになる　やさしくなる

すなおになる　るんるんする　えがおになる

「チクチクしぐさ」って、なあに？

ひとを　かなしい　いやなきもち　にする　しぐさ。

「チクチクしぐさ」を　されると・・・

げんきがなくなる　パワーがでない　つまらなくなる

かなしくなる　さびしくなる　つらくなる

なきたくなる　おこりたくなる　きらいになる

テーブルテニスは、とっても盛り上がるゲームだよ！

応用編「チクチクことばをいわれたら？」「あったか言葉・あったか仕草で伝え合おう」も CD-ROM に収録されているので、見てね〜！

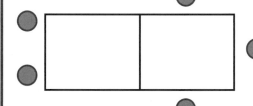

【守り方】左：2人チームの場合・右：3人チームの場合

ねらい：他者への意識、挙手して発表する、指名されなくても怒らない

事例 3 「ミックスジュース」は おいしいジュース

自立活動の区分・項目	3　人間関係の形成 （2）他者の意図や感情の理解に関すること。 6　コミュニケーション （5）状況に応じたコミュニケーションに関すること。
困難さ	他者に対する意識の薄さ・暗黙の了解を理解することの困難さ・衝動性のコントロールの弱さ　など
困難さの状態	話し合いの場面で、自分が伝えたい気持ちをコントロールし、他者の話に耳を傾けることが難しく、一方的に話し続けてしまう場合
指導上の工夫の意図	みんなで意見を出し合うことのメリットを理解するとともに、みんなで話し合う活動を通して、よりよい考えを導き出したり、まとめたりすることの楽しさを味わうことができるよう
手立て	しの助劇場「はい！はい！！はい！！！はい！！！！」 教示用シート「『ミックスジュース』は　おいしいジュース」 ゲーム「三人寄れば文殊の知恵」 準備物：封筒に入ったヒントカード、解答用紙

　教室など、集団での学びの場面において、周りの状況に関係なく自分の思いを話し続けてしまったり、「挙手をしたのに指名されない」と言って怒り出してしまったりする場合があります。これには、他者への関心の薄さや他者の意図理解の弱さ、「他者を尊重し話すことを控える」という暗黙の了解を理解することの難しさなどが影響しています。また、そもそも、「なぜ、みんなで話し合うのか」という、みんなで話し合うことのメリットを理解できていないお子さんも多いようです。

　そこで、この事例では、「『ミックスジュース』は　おいしいジュース」を合い言葉に、みんなで話し合うからこそ、よりよい考えや結論を導き出せるのだということを理解し、その上で、「誰もが自分なりの考えをもっていること」「それをみんなに伝えたいと思っていること」「場の状況を見ながら話すタイミングを見計らっていること」「時間には限りがあり、考えを伝えられない場合もあること」などを理解できるようになることをねらっています。

ワークシート③ 「『ミックスジュース』は　おいしいジュース」

「ミックスジュース」は　おいしいジュース

　　　「いろんな　フルーツ」が　まざりあうと、　あたらしい　あじわいの
とっても　おいしい　ミックスジュースが　できあがります。

　　それと　おなじように、「みんなの　かんがえ」に　みみを　かたむけると、

　　　○　いままで　きづかなかった　こと

　　　○　いままで　わからなかった　こと

　　　○　いままで　おもいつかなかった　こと

に　であい、あたらしい　まなびが　できるのです。

　　ともだちの　はなしを　よく　きいて、　みんなで　まなびあい、
たかめあえると　いいですね。

> 　ゲームでは、みんなの興味関心に合わせて、楽しい問題を考えるのが、話し合いを盛り上げるコツになるよ！

ねらい：みんなで決める方法、決定事項の遵守

事例 4　みんなで　きめよう（話し合い: 初級編）

自立活動の区分・項目	3　人間関係の形成 （4）集団への参加の基礎に関すること。 6　コミュニケーション （4）コミュニケーション手段の選択と活用に関すること。
困難さ	他者に対する意識の薄さ・話し合いスキルの未習得・感情や行動のコントロールの弱さ　など
困難さの状態	他者と協調的に話し合って意見を一つにまとめたり、みんなで決めたことに従って活動したりすることが難しい場合
指導上の工夫の意図	日常的に用いられるみんなで決める方法が分かり、みんなで決めたことで楽しく活動することができるよう
手立て	しの助劇場「ぜったいに　やだ～！！」 教示用シート「みんなできめたいけんで　たのしくかつどう」 ゲーム「みんなで　たすうけつ！！」 準備物：じゃんけんカード、はち・くま・りょうしカード、得点表、ついたて

　他者と協調的に話し合ったり、相談したりするスキルは、学校生活における学習場面、班活動や係活動はもちろんのこと、高学年になると日々の委員会活動や各種行事の実行委員会等、継続して必要となるスキルです。学年が進むにつれて、発達段階に応じた話し合いスキルが求められることからも、発達障害のある子どもたちにとっては、非常にハードルの高いスキルとなります。今回は、低学年の段階で身につけておくべきスキルとして、初歩的なものを取り上げています。段階的に複雑な話し合いスキルも取り上げ、意図的・計画的に指導を組み立てていきましょう。

　その過程で、大切なことは、「みんなで決めたことに従って活動したら、楽しめた」「今、自分の思いが通らなくても、他の場面で取り上げられることもある」「自分がゆずってあげると、後からゆずってもらえることもある」「大切なのは、自分の意見が通ることではなく、いろんな意見を出し合うことで、よりよい結論を導き出せること」といった体験を積むことです。ぜひ、楽しみながら指導を展開していきましょう。

ワークシート③「みんなできめたいけんで　たのしくかつどう」

みんなで　きめた　いけんで　たのしく　かつどう

ひとは　それぞれ、ちがった　かんがえを　もって
いるものです。みんなで　かつどうを　するときには、
いけんを　ひとつにきめる　ひつようがある　ばあいが　あります。

ひとつに　きめる　ほうほう

①じゃんけん	②多数決（多い数のものに決める）	③くじびき（あいみだくじ・かみくじ・ぼうくじ など）	④ゆずる（これができるひとはすごい！）

なわとびでもいいよ！

↓

みんなの　きもちを　かんがえて、こころの　なかで　「おまじない」

よかった！ぼくのに、きまってうれしいな。

ざんねんだけど、こんとできるから、しょうがない！

↓

みんなで　きめたいけんで
かつどうすると、
みんなが　たのしいね！！

　発達段階に応じて、繰り返し、様々な話し合いスキルを取り上げていくことが大切なので、CD-ROM には「7-18：中級編・7-19：上級編」も収録されているよ。

ねらい：依頼や交渉、物の貸し借り、助け合い

7-7

事例
5

ものをかりるとき、おことわりされたら？

自立活動の区分・項目	3　人間関係の形成 （1）他者とのかかわりの基礎に関すること。 6　コミュニケーション （5）状況に応じたコミュニケーションに関すること。
困難さ	良好な対人関係を築くことの困難さ・状況に応じたコミュニケーションの困難さ・折り合いをつけることの困難さ　など
困難さの状態	断ってから物を借りたり、借りられない場合に折り合いをつけたりすることが難しい場合
指導上の工夫の意図	物を借りる際の伝え方が分かり、さらに、頼んでも借りられない場合もあること、その際の対応の仕方が分かり、良好な人間関係を築くことができるよう
手立て	しの助劇場「そらくんの　いじわる！」 教示用シート「ものをかりるとき、おことわりされたら？」 かみこうさく「ねずみとり　けんだま」 準備物：ビニールテープ（緑色）、工作用の画用紙、紙コップ、色鉛筆、 　　　　マジック、はさみ、テープ、のり、ホチキス　など

　学校では、子ども同士、文房具等の物の貸し借りはよくあることですが、「貸して」「いいよ」「ありがとう」という決まった伝え方だけを指導すると、借りられなかった場合に、さらにトラブルになる場合があります。

　そこで、このプログラムの教示用シートでは、お願いをして借りられた場合、すぐには借りられず待つ必要がある場合、お願いしても借りられない場合について、チャート式でそれぞれの場合のコミュニケーションの仕方、対応の仕方を解説しています。対人場面におけるコミュニケーションは非常に複雑であり、ある一つの方法の教示だけでは十分でない場面が多く見られます。発達障害の子どもたちにとって複雑な対人場面について、指導する側が想像力を働かせて様々な状況を想定し、「こういうときはこうするけれど、こういう場合もあります」と、チャート式で整理しておくことがとても大切です。

ワークシート③「ものをかりるとき、おことわりされたら？」

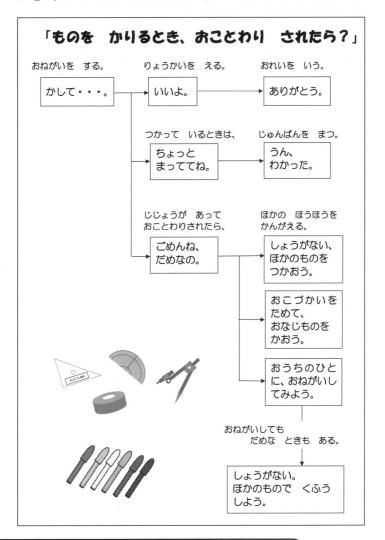

「ものを　かりるとき、おことわり　されたら？」

おねがいを　する。
かして・・・。

りょうかいを　える。
いいよ。

おれいを　いう。
ありがとう。

つかって　いるときは、
ちょっと　まっててね。

じゅんばんを　まつ。
うん、わかった。

じじょうが　あって
おことわりされたら、
ごめんね、だめなの。

ほかの　ほうほうを
かんがえる。
しょうがない、ほかのものをつかおう。

おこづかいをためて、おなじものをかおう。

おうちのひとに、おねがいしてみよう。

おねがいしても
だめな　ときも　ある。
しょうがない。ほかのもので　くふうしよう。

　人とやり取りするとき、状況に応じて対応の仕方を変えるのは、とても難しいよね。だから、小さなことでも、気づいたときに取り上げていくことが大切だよ。
　このプログラムで作ったけん玉は、CD-ROMに収録されている「ほめて　はげまし　けんだまたいかい」でも使うよ。出来上がったら、学校などであずかっておくといいね。

事例 6　声のものさし　プラス　声の強弱

自立活動の区分・項目	3　人間関係の形成 （2）他者の意図や感情の理解に関すること。 （3）自己の理解と行動の調整に関すること。 6　コミュニケーション （5）状況に応じたコミュニケーションに関すること。
困難さ	他者の感情理解の困難さ・声の大きさや強弱など会話の衝動性を調整することの困難さ・状況に応じたコミュニケーションの困難さなど
困難さの状態	相手の気持ちを考え、声の大きさや強弱を調整しながら会話することが難しい場合
指導上の工夫の意図	伝えることの内容だけではなく、声の大きさや声の強さによっても受け取る側の気持ちに変化が生じることを理解し、状況に応じたコミュニケーションにより良好な人間関係を築くことができるよう
手立て	しの助劇場「そんな言い方　しなくても・・・」 教示用シート「声のものさし」「声の強弱」 ワーク「"ありがとう"どんな強さで伝わるかな？」 ゲーム「チーム対抗　連想ゲーム」 準備物：声のものさし（CD-ROM）、連想ゲームの問題カード（画用紙やスケッチブックに書いておく）

　内容だけでなく、どのように伝えるかによって、相手への伝わり方が全く変わってしまうコミュニケーション。こちらからの表出を受容する側の気持ちを想像することも必要であることから、会話は子どもたちにとって非常に難しいものとなります。また、相手の気持ちを考えて表出の仕方を調整するためには、自分を客観的に見つめ、自分の表出の仕方を調整する自己統制の力も必要になってきます。

　声の大きさを表す「声のものさし」については、指導プログラムとして取り上げてはいませんが、日々の指導の中で繰り返し伝え、それに加えて「声の強弱」を取り上げるとよいでしょう。「声のものさし」は CD-ROM に収録されています。

ワークシート③「声の強弱」

「声の 強弱(きょうじゃく)」

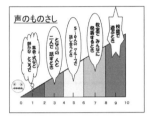

声には、「大きさ」プラス「強弱」があり、いくら「声のものさし」に気をつけても、強い口調できつい言い方をすると、相手にいやな思いをさせてしまったり、弱々しい言い方をすると、心配をかけたり気をつかわせてしまったりすることがあります。

 **とても つよい**
いやだなあ・・・、
怒っているのかな？

 **つよい**
どうしたんだろう？
そんなふうに言わなくても

 **ふつう**
そうだよね、
わかる わかる！

 **よわい**
あれ？
げんきが ないな。

 **とても よわい**
どうしたんだろう？
病気かな？

　資料「声のものさし」低学年用・中学年用・高学年用がそれぞれ、CD-ROM に収録されているよ。SSTのスタート段階から印刷して教室に掲示し、発表するときにはいつも意識できるといいね。
　今回のプログラムでは、ワークシート③教示用シート「声のものさし」「声の強弱」の２枚を用意したので、もう一度確認しよう。

事例 7　話しかけるときは？クッション言葉

自立活動の区分・項目	3　人間関係の形成 （1）他者とのかかわりの基礎に関すること。 6　コミュニケーション （4）コミュニケーション手段の選択と活用に関すること。
困難さ	人との距離感のつかみにくさ・コミュニケーションをスタートさせることの困難さ　など
困難さの状態	一方的に会話を始めてしまったり、逆に、コミュニケーションをスタートさせることが難しかったりする場合
指導上の工夫の意図	相手との距離のとり方や声のかけ方を具体的に示すことにより、相手意識をもってコミュニケーションし、良好な対人関係をスタートさせることができるよう
手立て	しの助劇場「だれに　話しかけているの？」 教示用シート「話しかけるときのポイント 　　　　　　　　　～クッション言葉～」 ゲーム「シルペタ　じゃんけん」「王様　じゃんけん」 準備物：劇中に出てくる描画（花・電車）、声のものさし（CD-ROM）、 　　　　シール（1人10枚×人数分）、シールカード

　「クラスメイトと話したいけれど、どんなふうに話しかければよいか分からない」「自分から話しかけたけれど、気づいてもらえなかった」といった相談を受けることがあります。人との距離感のつかみにくさから、「誰に伝えたいのか」が明確に伝わらなかったり、自分は「この人」に伝えていたつもりでも、「相手の意識がこちらに向いているかどうか」を分かっていなかったりすることから、スムーズにコミュニケーションをスタートできないことがあるようです。

　特に、ASD のお子さんには、中枢性統合の弱さから状況を理解することの困難さがあるため、人との距離のとり方や声の大きさ、声のかけ方などを具体的に示す必要があります。ゲームを通して、「このくらいの距離で話しかければいいんだな」「こう言ったら振り向いてくれた」など、実感できるようにしましょう。

ワークシート③ 「話しかけるときのポイント ～クッション言葉～」

話しかけるときのポイント
～ クッション言葉 ～

とつぜん話しかけると、気づいてもらえない場合があります。

そこで・・・・・・

① ちょうどよい距離（きょり）に近づく（前にならえぐらい）

　→　遠いと、気づいてもらえません。

② 相手を見る（顔を見るのがつらいときはあご）

　→　だれに話しかけているのか、分かってもらえません。

③ ちょうどよい声の大きさで（声のものさし）

　→　声が小さいと、気づいてもらえません。

④ 「クッション言葉」をつかう

　→　「〇〇くん」「〇〇ちゃん」「〇〇さん」「〇〇先生」

　→　「あのね」「ね～え」「ちょっといい?」

　→　「お話し中、すみません」

　　　「お話し中に、失礼します」

　　　「少し、よろしいでしょうか」

⑤ 他の人と話しているときは、終わるまで待つ

　→　途中から、話に割って入りません。

ゲームでは、指導グループの人数によって、「シルペタじゃんけん」のシールの枚数を調整したり、「王様じゃんけん」をいくつかのグループに分けたりするなど、工夫をするといいね。

事例 8 　会話のキャッチボール

自立活動の区分・項目	3　人間関係の形成 （2）他者の意図や感情の理解に関すること。 6　コミュニケーション （2）言語の受容と表出に関すること。
困難さ	会話から話し手の意図をキャッチすることの困難さ・コミュニケーションにおける受容と表出のアンバランスさ　など
困難さの状態	会話から話し手の意図や感情を読み取り、共感したり質問したり返事をしたりするなど、会話のやり取りが難しい場合
指導上の工夫の意図	うなずいたり、聞き返したり、感想を伝えたりするための具体的なやり方を理解することにより、会話をやり取りしコミュニケーションを成立させることができるよう
手立て	しの助劇場「ねえ、聞いてる？」 教示用シート「会話のキャッチボール」 ゲーム「ボールコロコロ　お話　聞いて」 準備物：ボール

　音声言語をもち、自分が興味のあることについて話すなど、発信することに問題がなくても、他者からの発信をうまく受信することができず、他者とのコミュニケーションを苦痛に感じているお子さんは、少なくありません。

　日常的な会話を通して、何気なく身についていく「うなずく・あいづちを打つ・聞き返す・返答する」等のスキルを改めて確認するとともに、実際に会話をしながらボールをやり取りすることにより、「会話をキャッチボールする」ことをイメージできればと思います。また、教示用シートには、「知らんぷり→ボールがすりぬける」「はねかえす→ボールを打ち返す」「一方的に→バッティングマシーン」など、目に見えない会話のちぐはぐさを視覚的にイメージできるよう、例示しました。

　既習のスキルである「あったかことば・チクチクことば」「声のものさし・声の強弱」「クッション言葉」なども併用できるよう、活動の中で機会を捉えて振り返るとよいでしょう。

ワークシート③ 「会話のキャッチボール」

「会話のキャッチボール」

会話とは、人と ことばを 「やりとり」 し、

ことばと いっしょに、「思い」「気持ち」「考え」も 一緒に伝える

「キャッチボール」のようなものです。

① 人の話を聞かずに 知らんぷり ×

→ ボールが横をすりぬけて行き、会話にならない

② しっかり聞かずに はねかえす ×

→ バッドで大きく打ち返し、会話がつづかない

③ 一方的に 次から次と話す ×

→ バッティングマシーンのようで、相手がキャッチできない

これでは、「会話」は成立（せいりつ）せず、いやな気持ちになります。

「ことば」と いっしょに

「思い」「気持ち」「考え」も

うけ取ったり・返したり

やりとり（キャッチボール）することで、

気持ちよくコミュニケーションすることができるのです。

CD-ROM には、「話しかけられても、知らんぷり」（学校編）（家庭編）も収録されているよ。参考にしてね。

事例 9 相手の立場に立って伝えよう

自立活動の区分・項目	3　人間関係の形成 （2）他者の意図や感情の理解に関すること。 6　コミュニケーション （5）状況に応じたコミュニケーションに関すること。
困難さ	他者の視点をもったり他者の立場に立ったりすることの困難さ・気持ちをコントロールすることの困難さ・分かりやすく伝えることの困難さ・言語で表現することの困難さ　など
困難さの状態	相手の視点に立ちながら、自分の感情をコントロールし、分かりやすく伝えることが難しい場合
指導上の工夫の意図	相手意識や相手の視点をもつとはどういうことなのかを理解し、相手の立場に立った具体的な伝え方を知って実践することができるよう
手立て	しの助劇場「ちがう・・・ってば～！！」 教示用シート「わかりやすく　伝えるために」 ゲーム「目隠し　借り物　競争」 準備物:封筒・借りる物が書かれたカード・借り物・目隠し

　学校生活だけでなく、地域における様々な活動場面においても、他者の視点に立って分かりやすく伝えるスキルは、仲間関係を築く上でとても重要となります。他者の視点をもつことが苦手な子どもたちはもちろんのこと、話すことが苦手な子どもたち、衝動性があり苛立ちをコントロールすることが苦手な子どもたちにとっても、有効なスキルと言えるでしょう。

　子どもたちに、「人の気持ちになって考えましょう」と言ってしまいがちですが、発達障害のある子どもたちにとっては、とても漠然としています。そこで、教示用シートでは、「相手意識」「相手の視点」「相手の立場」について解説するとともに、具体的な伝え方や、イライラした際の解消法についても解説しています。大人でも、相手に上手く伝わらないとイライラする場合があることを伝えつつ、ゲームで気持ちを抑えたり言い換えたりする姿を見取り、フィードバックしていきましょう。

ワークシート③「わかりやすく　伝えるために」

「わかりやすく　伝えるために」

※　相手に「わかりやすく　伝える」のは、とても難しいものです。
まずは、大きく　「深呼吸」をしましょう。

① 「相手意識（あいていしき）」を　もつ
→　「〇〇さんに　聞いてほしいな」「〇〇さんに　伝えたいな」

② 「相手の視点（あいてしてん）」を　もつ
→　「〇〇さんには、どう見えているのかな？」
「〇〇さんは、どんなふうに思っているのかな？」

③ 「相手の立場（あいてたちば）」に立って　伝え方をくふうする

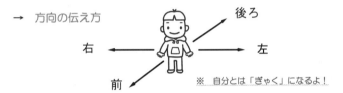

→　方向の伝え方

後ろ　右　左　前

※　自分とは「ぎゃく」になるよ！

→　OKのときは？：　「いいね！」　「そのちょうし！」
「ばっちり！」　「よし！じゃあ、次ね」

→　ちがうときは？：　「ちょっとちがうかな？」　「もう少し右」
「よく聞いてね」　「もう一度言うよ」

→　イライラしたときは？

○　ゆっくり深呼吸（しんこきゅう）して、落ち着こう。

○　おこらないで、もう一度、説明する。

○　もっとわかりやすい　他の伝え方を　考える。

○　相手が、"一番"困っていることを　理解する。

相手の立場に立つことは、良好な対人関係を築く上で、とても大切なスキルだね。

事例 10 じょうずな　電話の受け方・かけ方

自立活動の区分・項目	6　コミュニケーション （2）言語の受容と表出に関すること。 （5）状況に応じたコミュニケーションに関すること。
困難さ	目に見えない相手とコミュニケーションすることの困難さ・状況に応じ臨機応変にコミュニケーションすることの困難さ　など
困難さの状態	電話の向こう側にいる目に見えない相手と、音声言語のみでやり取りし、状況に応じた受け答えをすることが難しい場合
指導上の工夫の意図	様々な状況下での受け答えの仕方を、ある程度パターン化して理解することにより、電話での基本的な会話のやり取りができるよう
手立て	しの助劇場「お母さん、いますか？」「そら君、いる？」 教示用シート「電話のじょうずな受け方」 　　　　　　「電話のじょうずなかけ方」 ワーク「電話でお話できるかな？」 準備物：生活指導用の電話2台（なくても可）

　あるとき、自閉症・情緒障害特別支援学級で担任していた高機能自閉症の児童の保護者から、こんな相談を受けました。

　「先生、うちの子は電話が鳴ると、高い声を発しながら家の中を逃げ回るのです。社会に出たら、電話はなくてはならないものですし、何か良い方法はないでしょうか。」

　この児童は、時々、字義通りの解釈や言葉の意味の取り違えはあるものの、音声言語を豊富にもち日常会話が可能です。授業も、実技教科の他、社会や理科、総合的な学習の時間も、通常の学級で受けていました。きっと、そこには何か彼女なりの理由があり、その原因を取り除いてあげさえすれば、克服できる問題なのではないかと考えました。本人と話していくうちに、電話では、こちら側の状況によって、何パターンかの受け答えの仕方があるものの、相手には、こちら側の状況が見えていないため、相手に対し、その状況を臨機応変にどのように伝えればよいのか、分からないようでした。そこで、チャート式で応答の仕方を視覚化し、この教示用シートを自宅の電話の前に掲示したところ、逃げ回らずに電話に出ることができるようになりました。

ワークシート③「電話のじょうずな受け方」「電話のじょうずなかけ方」

「電話の じょうずな 受け方」

「○○さんの おたくですか?」
　→　へんじをする　「はい、○○です」
「○○さん、いらっしゃいますか?」
　→　「いたら、電話をかわってください」という意味。

【いるとき】

そばに いるとき
　→　「少々、おまちください」

家の他の部屋に いるとき
　→　「今、よんできますので、少々、おまちください」

手が はなせないとき
　→　「こちらから、かけ直しますので、
　　　お名前と電話番号を教えてください」

【いないとき】

他の家族が いるとき
　→　「今、▲▲にかわりますので、少々、おまちください」

すぐに 帰ってくるとき
　→　「間もなく帰ってくると思いますので、
　　　もう少ししたら、また、お電話ください」

何時に帰るか わからないとき
　→　「今、るすにしておりますので、
　　　お名前と電話番号を教えてください」

※　「相手の名前」や「電話番号」を聞いたら、メモを取りましょう。
※　知らない人に、「友達の電話番号」を教えません。
※　一人でるす番するときは、げんかんにかぎをかけましょう。
※　るす番をするときは、家の人が外から電話するときのやくそくを
　　きめ、それ以外の電話には出ないようにしましょう。

「電話の じょうずな かけ方」

まちがえていないか 相手をかくにんする
　→　「もしもし、○○さんの おたくですか?」

まちがえていたら、あやまって切る
　→　「すみません。まちがえました」

合っていたら、自分から名乗る
　→　「ぼく(わたし)は、▲▲ですが
　　　　(わたくし ▲▲と もうしますが)、
　　　○○さんは、いらっしゃいますか?」

【いるとき】
電話を かわってもらう
　→　「おねがいします」

【いないとき】
後で かけなおす
　→　「それでは、また、後でかけなおします。
　　　さようなら(しつれいします)」

ようじを 伝えてもらう
　→　「それでは、~~~と お伝えください。
　　　さようなら(しつれいします)」

帰ったら、電話をしてくれると 言うとき
　→　「ありがとうございます(もうしわけありません)。
　　　＜電話番号を 伝える＞
　　　それでは、よろしく お伝えください。
　　　さようなら(しつれいします)」

　このスキルは、社会人として就労した後も大切なスキルだね。電話ではメモを取る力も必要なため、CD-ROM には「メモして伝えよう」のプログラムも収録したよ。
　ぜひ、併せて取り組んでみてね!

事例 11 大事な意見は、なあに？ （話し合い：上級編）

自立活動の 区分・項目	4　人間関係の形成 （2）他者の意図や感情の理解に関すること。 6　コミュニケーション （5）状況に応じたコミュニケーションに関すること。
困難さ	相手の意図を理解することの困難さ・自分の気持ちを抑えることの困難さ・状況に応じ臨機応変に対応することの困難さ　など
困難さの 状態	理由を考えて大事な意見を優先させたり、全体を見渡して合理的な意見を選択したりすることが難しい場合
指導上の 工夫の意図	理由や状況から大事な意見を優先させたり、気持ちに折り合いをつけ自分の意見を取り下げたりしながら、話し合いができるよう
手立て	しの助劇場「どうしよう？結論が出ない！」 教示用シート「みんなの意見を聞いて　結論を出すために」 ゲーム「無人島サバイバルゲーム」 準備物：ゲーム用ワークシート

　学校生活や日常生活場面で必要となる話し合いスキルは、当然のことながら、学年が上がるにつれてより高度なものが求められるようになります。小学校の入門段階では、まずは、自分の意見をもち表出できればよしとされますが、徐々に、理由や状況をもとに、「大事な意見は何か？」を考え、自分の気持ちに折り合いをつけながら、相手の主張を受け入れ、自分の意見を取り下げることも必要となります。

　そこでここではまず、「話し合いの仕方」として、「理由と一緒に自分の意見を伝えること」「相手の意見を最後まで聞き、プラスのフィードバックをしつつ、大事な意見を優先させること」を確認します。さらに踏み込んで、「"大事な"とは、どういうことなのか」を具体的に確認していきます。

　話し合いでやり取りされる情報は目に見えないことから、ASDの子どもたちにとって判断の材料になりにくく、また、自分の中で折り合いをつけ主張を取り下げるというのは、ADHDの子どもたちにとってはとても難しいものです。ゲームなどで、これらのことができた場合には、しっかりフィードバックしていきましょう。

ワークシート③「みんなの意見を聞いて　結論を出すために」

「みんなの意見を聞いて　結論を出すために」

話し合いの仕方
① 自分の頭の中で、自分の意見とその理由をまとめます。
② 全員が発表し、相手の話を最後までしっかり聞きます。
③ 相手の話を笑ったり、バカにしたりしません。
④ 相手にプラスのフィードバックをします。
⑤ 大事な意見を優先し、多数決やじゃんけん、平均値で決めません。

「大事」とは、どういうこと？
① まず、「自分」だけではなく、「全体」に目を向けます。
② その場に出ている、たくさんの意見の中から、
③ 「みんな」にとって、
④ 「最も大切なこと」を　優先させます。
⑤ 「今じゃなくても大丈夫なこと」「他のものでも大丈夫なこと」などは、後回しにして　こだわらないようにします。
⑥ みんなが「納得」することを、選択するようにします。

例えば・・・何が「大事」かな？　考えてみよう！
① 家族で遊園地へ出かける朝、お父さんの会社で、緊急事態発生！お父さんが会社に呼び出されました。

② 修学旅行、間もなく、電車が発車します。そのとき、観覧車の中に、カメラを忘れたことを思い出しました！

③ あら、大変！お弁当の朝、炊飯器のタイマーをかけ忘れました。お母さんは仕事に行かなければなりません。コンビニでおにぎり？それとも、「やだ、やだ、やだ～！！」って泣いちゃう？

今は、どちらが「大事」か、よく考えよう！

このスキルの習得は、基本的なコミュニケーションスキルが身についていないと、なかなか難しい・・・。
発達段階を見通して、初歩的なスキルから少しずつSST を積み上げていくことが大切だね！

ねらい：いろいろな気持ちの理解、他者や自分の感情の理解　　8-1

事例 1　いろんな　きもち

自立活動の区分・項目	2　心理的な安定 （1）情緒の安定に関すること。 3　人間関係の形成 （2）他者の意図や感情の理解に関すること。 （3）自己の理解と行動の調整に関すること。
困難さ	感情そのものについての理解の困難さ・他者の感情理解の弱さ・自分を客観視することの困難さ　など
困難さの状態	人には様々な感情があることの理解が難しく、他者の表情から感情や気持ちを読み取ったり、自分の気持ちを客観的に見つめたりすることが難しい場合
指導上の工夫の意図	気持ちにはいろいろなものがあることを理解し、人とかかわりをもったり、自分の気持ちを言語化したりすることができるよう
手立て	しの助劇場「にがわらい・・・、どんな　きもち？」 教示用シート「いろんな　きもち 　　　　　　　　～たとえば、きゅうしょくの　じかん～」 ゲーム「だまって　チームワーク　おえかき」 準備物：画用紙（白）、色えんぴつなど絵を描くための筆記用具

　人の感情には様々なものがあり、それを表現する言葉と、感情に伴う表情があることを伝えるためのプログラムです。表情マークと感情語を結びつけることにより、相手の気持ちを理解したり、自分の感情を認知したりできるようになることをねらっています。このことが十分にできなければ、自分の感情をコントロールすることはできません。

　SSTで一度学習しただけでは、子どもたちが自分の感情を認知したり、気持ちを言葉で表現したりするのは、なかなか難しいかもしれません。ぜひ、教示用シート「いろんなきもち」を印刷・ラミネートして、「今、どんな気持ち？」と確認したり、負の感情を表現できた際に、「不安だったんだね」「悔しかったんだね」と共感したりすることを通して、言語で表現することを支援してあげてください。

ワークシート③
「いろんな　きもち ～たとえば、きゅうしょくの　じかん～」

「いろんな　きもち」
～　たとえば、きゅうしょくの　じかん～

 うれしい・たのしい・おもしろい
「やった～！　やっと　きゅうしょくの　じかんだ！」

 どきどき・わくわく
「きょうの　きゅうしょく、なんだろう？　すきなものでるかな？」

 びっくり・おどろいた・ショック
「うわ～！　なんだ、これ？　たべたことがないよ～」

 こまった・ふあん・しんぱい
「たべられるかな？　だいじょうぶかな？」

 しかたない・がまんがまん
「もう、しょうがない！なんとかなるよ・・・ね」

 あんしん・ほかほか
「たべられなかったら、せんせいに　そうだんすればだいじょうぶだね」

 かなしい・ざんねん
「がんばったけど、やっぱり　たべられなかった・・・」

 おこった・ぷんぷん・くやしい・イライラ
「がんばったのに、〇〇くん、あんなこと　いうなんて！」

　自分の感情を認知し、言葉で表現できるようになることが、「気持ちのコントロール」につながるんだね。

ねらい:気持ちのコントロール

8-2

事例 2 きもちの　おんどけい

自立活動の区分・項目	2　心理的な安定 （1）情緒の安定に関すること。 3　人間関係の形成 （3）自己の理解と行動の調整に関すること。
困難さ	自分を客観視して自分の感情を理解することの困難さ・感情をコントロールすることの苦手さ・こだわり・衝動性　など
困難さの状態	自分の感情を客観的に見つめ、コントロールすることが難しい場合
指導上の工夫の意図	「気持ちの温度計」として、気持ちの状態を色・表情・言語で視覚化することにより、自分の感情を認知しコントロールするとともに、自分の感情の変化を意識することができるよう
手立て	しの助劇場「もう、こんなテスト、いらない！！！」 教示用シート「きもちの　おんどけい」 ゲーム「いすとりでグー　まけてもグー」 準備物：気持ちの温度計（全体）・気持ちの温度計（バラ）（CD-ROM）、 　　　　ゲーム用「きもちのいす」（「バラ」の「気持ちの温度計」 　　　　を貼付し、2〜3人同時に座れるように準備）

　自分が今、ハッピーでポジティブな状態にあるのか、落ち込んだり怒ったりネガティブな状態にあるのかを客観的に捉え、その感情を言語化できて初めて、感情のコントロールが可能となります。

　ここでは、「気持ちの温度計」として、感情を「色」「表情」「言語」で視覚化し、子どもたちがそれを見ながら自分の気持ちの状態を客観的に捉えられるようにしました。「気持ちの温度計」は、6色を1枚にまとめた「全体」のものと、1色ずつ切り離した「バラ」のものを、CD-ROMの中に用意しました。「全体」は、拡大して掲示用に使ったり、縮小して児童の携帯用にしたりすることができます。筆者が担当した子どもたちは、名札に下げたり筆箱に入れたりするなど、お守りにしていました。「バラ」のものは、裏にマグネットシールを貼り、板書やゲームなどに活用しましょう。

ワークシート③ 「きもちの　おんどけい」

「きもちの　おんどけい」

| げんき、げんき！！ パワーのだしすぎに きをつけよう。 | げんき！ ちょうしが いいね。 | ふつう おりしないで つかれたら はやめにやすもう。 | つかれてきたね けんがくや きゅうけいをしよう。 | ふちょう しずかな へやで やすもう。 | おこってる クールダウンしよう。 |

 のとき、まわりの　ひとの　きもちは？

「テンションが　たかくて、にぎやかだなあ」
「はりきりすぎていて、ついていけないなあ」
→　このじょうたいが　つづくと、じぶんが　ケガをしたり、
　　ひとに　ケガをさせてしまったりすることが　あります。

 のとき、まわりの　ひとの　きもちは？

「くやしいのは　わかるけど、せっかく　みんなで　たのしかったのにな」
「いつまでも　おこっていると、なんだか　つまらないなあ」

そこで

 できるだけ　はやく　「きいろ」になれるよう、

「きもちの　おんどけい」をつかい、

きもちを　コントロールします。

＜きもちのコントロール：“クールダウン”のしかた＞

■　しんこきゅうを　する　　■　みずを　のむ
■　きゅうけいを　とる　　　■　そのばを　はなれる
■　「こころのおまじない」を　かける
■　こころは　はれなくても、えがおを　つくってみる
■　「きもちのおんどけい」を　おまもりにして　にぎりしめる

初めは、5色だった「気持ちの温度計」。ある児童の言葉から、6色に生まれ変わったカードだよ。子どもたちが不思議と落ち着く、魔法のアイテムなんだ。

ねらい：自己理解、疲れや感覚過敏への対応、ヘルプサイン

8-3

事例 3	バケツメーター

自立活動の区分・項目	2　心理的な安定 　（1）情緒の安定に関すること。 3　人間関係の形成 　（3）自己の理解と行動の調整に関すること。
困難さ	自分の心身の状態を理解することの困難さ・感覚の過敏さあるいは鈍感さ・ヘルプサインの出しにくさ　など
困難さの状態	感覚の過敏さ、あるいは、鈍感さなどがあり、自分の心身の状態を意識し、上手くコントロールしながら生活することが難しい場合
指導上の工夫の意図	「バケツメーター」として、心身の状態を視覚化することにより、自分の疲労の度合いを認知し、コントロールしたりヘルプサインを出したりすることができるよう
手立て	しの助劇場「たいいくのじかん、 　　　　　　つかれたけど・・・もっとがんばる！！」 教示用シート「バケツメーター」 ワーク「はかってみよう！バケツメーター」 準備物：「バケツメーター」（CD-ROM）、ごほうびシール、シールを貼る台紙、汗ふきタオル、水筒、休憩コーナー

　この「バケツメーター」は、筆者が坦任したアスペルガー症候群の児童との会話から生まれました。「先生、ぼくの体の中には"バケツ"があるんだ。最初は空っぽなんだけどね、疲れが溜まってくると、"バケツ"の中の水もどんどん増えていくの。そして、水が溢れるとぼくもどうしていいのか分からなくて、『ワーッ！！！』ってパニックになっちゃうんだ」・・・なるほど！と思いました。そして、「こんな感じ？」と聞きながら描いていき、完成したのが、この「バケツメーター」です。

　感覚過敏があって非常に疲れやすく、なのに生真面目さやこだわりから無理をしてしまい、一度バケツが溢れると何日もリフレッシュ休暇が必要でした。しかし、この「バケツメーター」を使うようになってからは、上手にヘルプサインが出せるようになり、リフレッシュ休暇を取ることも少なくなりました。

ワークシート③
「バケツメーター ～おとなもつかっているよ！先生のばあい～」

「バケツメーター」
～おとなも つかっているよ！ 先生の ばあい～

人は からだの中に、「**つかれ**」を はかるための

「**バケツメーター**」を もっています。

つかれたな　と思ったら、

バケツメーター
いま、バケツは どれくらい？ ときどき たしかめよう！

まだ からっぽ げんき！げんき！

すこし・・・ でも まだ だいじょうぶ！

はんぶん・・・ もう すこし だいじょうぶ！

おおいね きを つけて！ きゅうけいしよう

まんたん！！ あふれるまえに ぜったい きゅうけい！

あ～あ・・・ あふれちゃった しんこきゅう → クールダウン

つかれは いま どれくらい かな？

と はかり、 すこし「**きゅうけい**」をします。
すると、げんきを とりもどすことができます。
　どのくらい きゅうけいがひつようかは、先生や
おうちの人と そうだんしましょう。
　先生は つかれると、よるごはんを おそうざいですませた
り、おやすみの日に 一日よこになって やすんだりします。

定型発達のぼくたちは、自分の心身の状態を何とな
く認知することができるけど、発達障害のある子ども
たちには難しいみたい。
　このアイテムで、自己理解が進み、自己支援ができ
るといいよね！

ねらい：クールダウン、疲れによる不適切行動の振り返り、行動の調整 **8-4**

事例 4 「バケツ」が あふれちゃったら クールダウン

自立活動の区分・項目	2　心理的な安定 （1）情緒の安定に関すること。 3　人間関係の形成 （3）自己の理解と行動の調整に関すること。
困難さ	自分の心身の状態を理解しコントロールすることの困難さ・気持ちを落ち着けて自分の言動を振り返ることの困難さ　など
困難さの状態	自分の心身の状態を落ち着かせ、自分の言動を振り返ることが難しい場合
指導上の工夫の意図	「クールダウン」の手順が分かり、自分の行動を調整して、次に生かすことができるよう
手立て	しの助劇場「見えな〜い！」 教示用シート「『バケツ』があふれちゃったら　クールダウン」 ゲーム「イライラかいしょう　クールダウンすごろく」 準備物：すごろく、サイコロ、コマ、「バケツメーター」・「気持ちの温度計」（CD-ROM）

　「バケツメーター」や「気持ちの温度計」を使い、自分の心身の状態を把握することができるようになっても、興奮や落ち込みからどう立ち直ればよいのか、再度同じ状況に陥ったとき、次はどうすればよいのか、次へのステップが難しい場合があります。そこで、合い言葉にしたいのが「クールダウン」です。

　教示用シートに示した「クールダウンのしかた」①〜③については、事前に、子どもたちが落ち着いているときに伝えておき、「クールダウンコーナー」へ行くことが、子どもたちにとって決して「罰」にならないようにすることが重要です。そのためには、時々子どものところへ行き、「今、どこまで落ち着いたかな？」と「気持ちの温度計」を使って気持ちの温度変化を確認し、自分の力で落ち着けたこと自体を大いに評価します。さらに、落ち着いたところで子どもの思いに耳を傾け、コミック会話を描きながら、「そのとき、どんな状態だったのか」「どうすればよかったのか」「次は、どうすればよいのか」を一緒に考えていくとよいでしょう。

ワークシート③　「『バケツ』があふれちゃったら　クールダウン」

「バケツ」が　あふれちゃったら　クールダウン

バケツがあふれてしまったら、
「クールダウン」を
しようね！！

クールダウン　の　しかた

① 「きもちの　おんどけい」を　コントロールします

・　しずかな　ばしょで

・　ひとりに　なって　しんこきゅう

② （＾＾） になれたら、じぶんを　見つめます

・　じぶんは　どんな「こうどう」を　したのか？

→　その　けっか、どうなったのか？

・　じぶんは　いま、どんな「じょうたい」なのか？

→　この　じょうたいは、いつ　おわりそうか？

③ 「そのとき、どうすれば　よかったか」

「つぎは、どうすれば　よいか」

を　かんがえます

むずかしいときは、先生や
おうちの人もいっしょに
かんがえてくれるよ！

➡　しっぱいは　せいこうのもと　こんどからは、

> 「バケツメーター」や「きもちのおんどけい」を
> じょうずにつかい、あふれるまえに
> コントロールしたり、ヘルプサインを出したりしよう！！

　「クールダウン」をし、「自分の行動の振り返りが、
次の対人関係に役立つ」という経験を重ねていくと、
「バケツ」があふれる前に、子どもたち自ら、
「落ち着かない（疲れた）ので、クールダウンをしてきてもいいですか？」とヘルプサインを出せるようになるんだよ。

ねらい：ストレスの理解、ストレス解消法の獲得

8-5

事例 5 ストレスマネジメント

自立活動の区分・項目	2　心理的な安定 　（1）情緒の安定に関すること。 3　人間関係の形成 　（3）自己の理解と行動の調整に関すること。
困難さ	心理的な不安定・ストレス耐性の弱さ・感情のコントロールの困難さ　など
困難さの状態	自分のマイナス感情を認知できるようになったものの、ストレス反応の状態を改善させることが難しい場合
指導上の工夫の意図	「ストレス」の概念が分かり、自分に合った方法でストレスを解消することができるよう
手立て	しの助劇場「うっ！お腹が痛い・・・」 教示用シート「『ストレッサー』と『ストレス反応』」 　　　　　　　「いろんなストレス解消法」 ワーク「ぼく・わたしのストレス発見！」 　　　　「試してみよう！いろんなストレス解消法」 準備物：ワーク用のワークシート2種類（CD-ROM）、ヒーリング音楽のCD・クッションなどストレス解消に使える物

　学年が上がり客観的な視点が育つにつれて、得手・不得手など他者と自分を比較したり、他者に期待されることが見えてきたりすることにより、様々なストレスに対処しなければならない場面が増えてきます。発達障害のある子どもたちも、「いろんなきもち」「気持ちの温度計」「バケツメーター」などの学習を通して、徐々に自分の感情の認知ができるようになりますが、対人場面がより複雑化するため、より具体的で実践可能なストレジマネジメントの方法が必要となってきます。

　ここでは、まず、「ストレス」の概念を「ストレッサー」と「ストレス反応」に分けて理解させ、「ストレスメーター」で自分の心身の状態をより詳しく認知できるようにします。その上で、様々な「ストレス解消法」があることを理解し、その中から自分に合った方法を選択して日々対処できるようになることを目指しています。

ワークシート③　「ストレッサー」と「ストレス反応」

「ストレッサー」と「ストレス反応」

◆　「ストレス」とは・・・

　　「出来事」と「心や体の状態」に　分けられます。

　　①　「出来事」は、「ストレッサー」と　言います。

　　②　「心や体の状態」は、「ストレス反応」と　言います。

　例）　ひかる君の「学習発表会の数日前から、お腹が痛くなる」状態

　　　→　「学習発表会」＝「ストレッサー」

　　　　「お腹が痛くなる」＝「ストレス反応」

◆　「ストレス」を　そのままにしておくと・・・

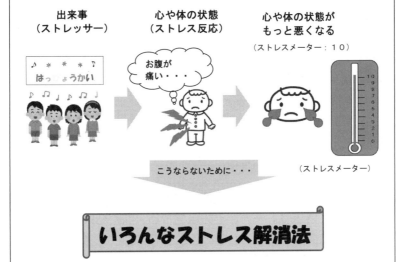

いろんなストレス解消法

　学校卒業後の長い人生において、自分自身をストレスから守るためのスキルはとても大事。
　日常生活の中で繰り返し取り上げていくことで、自分に合ったストレス解消法を見つけられるといいね！

ねらい：衝動性の制御、結果予測、立ち止まって考える

8-6

事例
6 心のブレーキ

自立活動の区分・項目	4　環境の把握 　（4）感覚を総合的に活用した周囲の状況についての把握と状況 　　　に応じた行動に関すること。 6　コミュニケーション 　（5）状況に応じたコミュニケーションに関すること。
困難さ	結果を予測し衝動性や欲求をコントロールすることの困難さ・不注意・注意の集中を持続させることの困難さ　など
困難さの状態	結果を予測せずに衝動的に発言したり行動したりしてしまい、適切なコミュニケーションや安全な生活を送ることが難しい場合
指導上の工夫の意図	自分の言動を制御する仕組みを、「心のブレーキ」として理解することにより、乗り物のブレーキをイメージしながら、衝動的な言動をコントロールすることができるよう
手立て	しの助劇場「先生を呼んでこよう！」 教示用シート「心のブレーキ」 ゲーム「体も心もじょうずにブレーキ　だるまさんがころんだ！」 準備物：日常生活で、「心のブレーキ」をかける必要がある状況の 　　　　書かれた問題

　低学年から中学年に上がると、学校生活への理解も進み、少しずつ自分の言動に自信をもつようになってきます。一方、その自信から、深く結果を予測せずに行動してしまうなど、慎重さに欠けてくることもあるようです。

　ここでは、一度立ち止まって考え、結果を予測し、自分の言動を制御する仕組みを「心のブレーキ」と表現し、子どもたちに伝えます。自分の気持ちや衝動のままに動くのではなく、「これをしたら、どうなるのか？」「これを言ったら、どうなるのか？」を考えることにより、みんなが「気持ちよく・安全に」過ごせることを指導するプログラムです。

　ゲームでは、日常生活で子どもたちに起こりがちであり、なおかつ「心のブレーキ」をかける必要のある場面を用意し、「こんなとき、どうする？」と出題します。

ワークシート③ 「心のブレーキ」

「心の ブレーキ」

「車」に「ブレーキ」が あるように、

「心」にも「ブレーキ」が ひつようです。

これをしたら、どうなるかな？
これを言ったら、どうなるかな？
きっと、大変なことになる。
「心のブレーキ」をかけて、
やめておこう！

「心のブレーキ」がこわれていると

◆ 自分が ケガをする （死んでしまう こともある）

◆ 友だちに ケガをさせる（死なせてしまう こともある）

◆ だいじな物を こわす

◆ けんかに なる

◆ いやな気持ち・かなしい気持ちに なる（させる）

※ まわりの人みんなに、心配やめいわくを かける

みんなが 安全に・気持ちよく すごすために、
「心のブレーキ」をかけて 考えましょう！！
「心のブレーキ」は こわれていないかな？

　学校のきまりや社会のきまりは、みんなが気持ちよく安全に過ごすためにあることを理解して、「心のブレーキ」がかけられるといいね。
　この後に学習する「自己理解」「問題解決」「自己変革」スキルにもつながる学習だね。

事例 7	あなたは、何タイプ？（自己理解①）

〜泣き虫タイプ〜

自立活動の区分・項目	2　心理的な安定 （1）情緒の安定に関すること。 3　人間関係の形成 （2）他者の意図や感情の理解に関すること。 （3）自己の理解と行動の調整に関すること。
困難さ	心理的な不安定・意図理解や状況理解の弱さ・人間関係形成の困難さ　など
困難さの状態	相手の意図理解や場の状況理解の困難さから不安定になりやすく、気持ちや行動をコントロールして対応することが難しい場合
指導上の工夫の意図	自分の陥りがちな心理状態や言動のパターンについて自己理解を深めるとともに、落ち着いて冷静に対応するとよいことが分かり、意識して行動することができるよう
手立て	しの助劇場「どうせ、ぼくなんて」 教示用シート「あなたは、何タイプ？〜泣き虫タイプ〜」 ゲーム「ガックリだめよ、みんなでカルタ」 準備物：カルタ、クールダウンコーナー、気持ちの温度計

　低学年で、ある程度基本的なスキルについて学んだ後、次は、目の前で何か問題が起きた際に、どのように瞬時に判断し解決していけばよいかを考える「問題解決スキル」を学んでいきます。そのためには、まず、咄嗟の事象に対し、自分が陥りがちな心理状態や言動のパターンについて、自己理解する必要があります。「自分」を知って初めて、対応策が考えられるわけです。ここでの解説は「泣き虫タイプ」のみですが、CD-ROM には、「仕返しタイプ」「お調子者タイプ」「あっさりタイプ」も収録されていますので、順番に取り上げるようにしましょう。

　実は、筆者は当初、「泣き虫タイプ・仕返しタイプ・あっさりタイプ」の3つを指導していたのですが、担当する児童の告白から「お調子者タイプ」が誕生しました。SST を通して、自己を見つめられるようになった証ですね。

ワークシート③　「あなたは、何タイプ？〜泣き虫タイプ〜」

あなたは、何タイプ？
〜 泣き虫タイプ 〜

泣き虫タイプ・・・とは？

何か、問題(もんだい)がおきたとき、必要以上(ひつよういじょう)に

ガックリしたり　　しくしく泣いたり

してしまうタイプです。

まわりの人を、いや〜な気持ちにさせ、
　　　　"めんどうくさいな〜"と
　　　　　　　　思わせてしまいます。

・　必要以上に、泣いてしまったことはありますか？
・　もし、自分が　ひかる君だったら、どうする？

　このプログラムに続き、CD-ROM にある「仕返しタイプ」「お調子者タイプ」「あっさりタイプ」を取り上げてね。CD-ROM には、「掲示用シート」も収録されているよ！もし、子どもたちから新しいタイプが生まれたら、ぜひカスタマイズして取り上げてほしいな。

ねらい：問題解決、アドバイスとその受け入れ

事例 8　問題解決スキル①（基本編）
～こんなとき、どうする？～

自立活動の区分・項目	2　心理的な安定 （2）状況の理解と変化への対応に関すること。 3　人間関係の形成 （3）自己の理解と行動の調整に関すること。 6　コミュニケーション （5）状況に応じたコミュニケーションに関すること。
困難さ	意図理解や状況理解の弱さ・臨機応変な対応の困難さ・人間関係形成の困難さ　など
困難さの状態	場の状況理解の困難さや、状況に応じたコミュニケーションの困難さから、問題場面に適応的に対応することが難しい場合
指導上の工夫の意図	問題を解決するための思考の流れを理解することにより、様々な問題場面に遭遇した際に、結果を予測しながら問題に対処できるよう
手立て	しの助劇場「すれ違いぎわに、からかわれた」 教示用シート「問題解決スキル：こんなとき、どうする？」 ロールプレイ「ひかる君になってみよう！」 準備物：資料①「問題解決スキル」ワークシート、資料②「問題解決スキル」掲示用シート、資料③「問題解決スキル：応用編」アンケート（いずれも CD-ROM に収録）

　今や、企業研修・社員研修でも取り上げられている「問題解決スキル」。このプログラムは、【事例7】CD-ROM（8-9・10・11・12）にある、「あなたは、何タイプ？」を学んだ後に取り組むとよいスキルです。問題が起きたときに、自分はどのように対応しがちであるか、ある程度自分の傾向がつかめるようになると、対人場面で実際に困った場面を振り返る際にも、冷静に自分を見つめることができるようになります。

　そこで、この基本編では、目の前で起きた問題場面を理解し解決するまでの思考の流れを、チャート式に整理し指導します。「『問題理解』から『最も良い方法の選択』までを、多くの人はわずか数秒間で考えて問題に対処しているんだよ」と伝えると、子どもたちは「え～！？」と驚きます。応用編での練習が鍵となるスキルです。

ワークシート③ 「問題解決スキル：こんなとき、どうする？」

「問題解決スキル：こんなとき、どうする？」

① **問題理解**：今、目の前で何が起きているか、状況を理解する。
- ・いつ ・どこで ・だれが ・だれに ・何をした
- ・自分の気持ち ・相手の気持ち など

↓

② **解決方法**：①の問題に対し、どんな解決方法があるか、考える。
- ・「泣き虫タイプ」「仕返しタイプ」「お調子者タイプ」になっていないか考える。
- ・「あっさりタイプ」の解決方法を考える。

↓

③ **結果予測**：②で考えたいくつかの解決方法を取った場合、それぞれどのような結果になりそうか、予測する。

↓

④ **選択する**：予測した結果をもとに、最も良い解決方法を選択する。
- ・①～④を、一瞬でやるのが、コツ。

↓

⑤ **練習する**：実際に、自分たちに起きた問題場面を取り上げ、より良い解決方法を見つけ出すための考え方を練習する。
- ・練習することで、①～④を、一瞬でできるようになる。
- ・アドバイスする人は、「自分のこと」として考える。
- ・アドバイスしてもらう人は、「感謝の気持ち」をもって聞く。

↓

⑥ **実践する**：SSTで身につけた問題解決スキルを、日常生活の中で実践する。
- ・①～⑤を心にとめて、楽しい毎日を過ごしていこう！

練習することで、瞬時により良い解決方法を考え、選択することができるようになるね！

次回からの「応用編」に使うアンケート用紙の提出はすんだかな？まだの場合は、坦任の先生やお家の人に確かめよう。

CD-ROMにある資料③「問題解決スキル：応用編」アンケートを事前に配付し回収しておくと、「基本編」の学習後すぐに、子どもたちに実際に起きた問題場面を取り上げ、「応用編（CD-ROM）」での練習に取りかかることができるよ！計画的に準備を進めよう！

ねらい：問題の予防、自己理解、自己変革、アドバイスとその受け入れ　　8-15

事例 9　自己変革スキル①（基本編）
〜こうならないために、どうする？〜

自立活動の区分・項目	3　人間関係の形成 （3）自己の理解と行動の調整に関すること。 4　環境の把握 （2）感覚や認知の特性についての理解と対応に関すること。 6　コミュニケーション （5）状況に応じたコミュニケーションに関すること。
困難さ	自己理解の困難さ・メタ認知の弱さ・人間関係形成の困難さ　など
困難さの状態	自己の特性や傾向についての理解が難しいことから、相手の意図や状況に応じた適応的な対応ができず、予期せず問題に発展してしまう場合
指導上の工夫の意図	自己理解し自己変革するための思考の流れを理解することにより、自己の特性や傾向に配慮しながら、言動を調整することができるよう
手立て	しの助劇場「疲れちゃったよ。もう、やめようよ〜」 教示用シート「自己変革スキル： 　　　　　　　こうならないために、どうする？」 ゲーム「みんなで"客観視"バスケット！」 準備物：資料①「自己変革スキル」ワークシート、資料②「自己変革スキル」掲示用シート（いずれも CD-ROM）、【事例8】で使用した「問題解決スキル：応用編」アンケート、ゲームのテーマカード

　「問題解決スキル：応用編」において、子どもたちに実際に起きた問題場面について話し合いをしていると、「ぼくって、こういうとき、いつも〜なんだよな」「私は、〜なところがあるから、〜すればよかった」等、自己理解を深め、自己変革につながる発言をする場面に遭遇することがあります。

　そこで、この基本編では、問題解決スキルで取り上げた問題場面を再度別な角度から取り上げ、自己理解し自己変革するまでの思考の流れを、チャート式に整理し指導します。ただ、ここで大切なのは、「私たち"定型発達の文化"を子どもたちに押しつけない」ということです。彼らの文化に寄り添いつつ、可能なことを考えましょう。

ワークシート③　「自己変革スキル：こうならないために、どうする？」

「自己変革スキル：こうならないために、どうする？」

今まで、「問題解決スキル」を学習してきましたが、「『問題』の原因が"自分にある"場合もあるのでは・・・？」と、思うケースもあったのではないでしょうか？　そう感じるのは、「自己理解」が進んできた証であり、とても素晴らしいことです。そこで、今回は、そう感じた時に役に立つ、「自己変革スキル」を学習します。これは、<u>問題を未然に防ぐ</u>のに役立つスキルです。

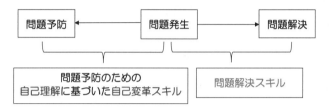

問題予防のステップ

① **問題理解**：今、目の前で何が起きているか、状況を理解する。
　・いつ　・どこで　・だれが　・だれに　・何をした
　・自分の気持ち　・相手の気持ち　など

② **原因究明**：なぜ、そうした問題が起こったかを考える。

③ **自己理解**：自分の特性や傾向が、そこに影響していないか考える。

④ **自己変革**：自分らしさを大切にしつつ、変革可能な部分、努力可能な部分はないかを考える。

※　そのためには：

自分を客観視する

まわりから、どんなふうに見えているのかな？

この段階まで来ると、日々のSSTを通して、子どもたちの間に信頼関係が築かれているので、話し合いがとっても深まるよ。「応用編」のプログラムが、資料①②と共にCD-ROMに収録されているので、「基本編」の学習後すぐに取り組み、リハーサルができるといいね！

ねらい：自己肯定感、自尊感情、自己実現的予言

事例 10 よりよい自分に出会うために
（自己肯定・自尊感情①）〜自己概念〜

自立活動の区分・項目	2　心理的な安定 （1）　情緒の安定に関すること。 3　人間関係の形成 （3）自己の理解と行動の調整に関すること。
困難さ	自己肯定感や自尊感情の低さ　など
困難さの状態	自己肯定感や自尊感情の低さから、マイナス思考になりやすく、物事を悲観的に捉えやすい傾向にある場合
指導上の工夫の意図	自分に対する感じ方、考え方を見直し、プラス思考で物事に対処することができるよう
手立て	しの助劇場「どうせ、ぼくなんて・・・」 教示用シート「『自己概念』って、なあに？」 ワーク「書いてみよう！現時点での自己概念」 準備物：資料「自己肯定・自尊感情スキル」掲示用シート（CD-ROM）

　発達障害のある子どもたちは、幼少期より繰り返してきた失敗経験や、その過程で周囲の人から受けてきた評価や反応によって、自己評価を限りなく低下させてしまっている場合が少なくありません。ありのままの自分を受け入れることの困難さは、物事への取り組みや対処を消極的にさせるばかりではなく、「失敗するに違いない自分」を想像させ、うまくいくことも失敗の結果に導いてしまうこととなります。

　そこで、小学校最後の SST において、「よりよい自分に出会うために」と題し、「自分自身に対する評価」を意識し見つめ直し、「マイナス思考」に陥りやすい自分を自己理解した上で、「プラス思考」をもって「自己実現的予言」を行い、物事に対処する力をもてるようになることをねらっています。このプログラムは、「自己肯定・自尊の感情をはぐくむ援助技法【青年期・成人編】- よりよい自分に出会うために」（デボラ・プラマー, 2009）を参考に、筆者が SST 用に作成し実践したものの一部となっています。4 回にわたるプログラムと掲示用シートを、CD-ROM に収録しています。子どもたちの言葉を拾い、板書や掲示物を工夫するとよいでしょう。

ワークシート③ 「『自己概念』って、なあに？」

自己概念 ＝ 自分が思っている自分

外見 ・ 能力 ・ 態度 ・ 信念 など

ぼくは、太っていて、格好が悪い

ぼくは、勉強が苦手でバカだから

テストはいつも、100点でなければならない

  65点

◆ 自己概念の育ち方

　　赤ちゃんの時から、自分がしたことへの「周りの人の反応を解釈」することを通して育ちます。

　　100点をとると、みんながほめてくれる。一生懸命がんばっても 80 点だったときは誰もほめてくれず、「どうして、こんなところを間違えたの！？」と言われてきた。テストは、100点でなければ、価値がない。100点をとれない自分にも価値はない。いくらがんばっても、80点しかとれない自分は、やっぱりバカなのだ。

◆ 人のふるまい方

・ 人は、「自己概念」に合ったやり方で、ふるまおうとします。
・ 目の前で起きたことが、「自己概念」と合っていれば、それを「真実」として受け入れるし、いくらよい結果が出たとしても、「自己概念」と合っていなければ、それを「無視」したり、「間違って解釈」したり、「拒絶」したりします。

やっぱりね。どうせまた、75点ぐらいだと思っていたよ。

100点なんて、まぐれだよ。こんな点数、二度ととれるはずないさ。

発表やつぶやきなど、子どもたちの言葉を拾うと、「実感」の伴う板書（掲示に使用）ができるね！

資　料

しの助劇場

　　指導プログラムの中で、子どもたちが問題場面を客観的に見つめること
ができるよう、指導者がワークシートの主人公「ひかる君」やその友達の
役になって演じたり、子どもたちが「ひかる君は、どうすればよいのか？」
を考え、ロールプレイをしたりします（第2章4（2）「4つのワークシー
トの見方・作り方・活用」P.52 参照）。次頁以降のイラストは、その際のペー
プサートとしてご活用ください。※原画は CD-ROM にも収録されていま
す。

　　また、子どもたちと話し合いながら板書していくとき、場面の状況やそ
こで行われたコミュニケーションの内容をコミック会話（P.33 参照）によっ
て理解することができるよう、イラストの裏面にマグネットシールを貼っ
てご活用ください（第2章5（2）「板書について」P.58 参照）。

　　いずれの場合も、原画を適宜拡大コピー、着色、ラミネートしてご使用
ください。子どもたちと話し合いながら問題解決をしていく過程で、同じ
ペープサートが複数枚必要になると思われますので、1つのイラストにつ
き3～5枚用意することをお勧めします。

　　このペープサートを活用することにより、子どもたちのスキルの理解を
助け、楽しいSST が展開されることを祈ります。

① ペープサート用原画

※ CD-ROM にも収録しています。

◆ **ひかる** 君

◆ **そら** 君

◆ **はな** ちゃん

◆ **だいち** 君

◆ お母さん

◆ ひかる君の弟：ふうた 君

◆ 上級生（男子）

◆ 上級生（女子）

◆ 下級生 （男子）

◆ 下級生 （女子）

◆ 先生

シーン①（表）

シーン②（表）

シーン③（表）

シーン①～③（裏）

シーン④（表）

シーン④（裏）

【参考文献・引用文献】

デボラ・プラマー著・岡本正子・上田裕美監訳・小杉恵・上利令子訳（2009）：自己肯定・自尊の感
　情をはぐくむ援助技法【青年期・成人編】—よりよい自分に出会うために，（株）生活書院
かかしのケンパ
　　https://www3.tvt.ne.jp/~qwer111/hps/hp1/02yagai2/02kakashi/00.html
キヨノサチコ（1976）：ノンタンぶらんこのせて，偕成社
キャロル・グレイ著・門眞一郎訳（2005）：コミック会話　自閉症など発達障害のある子どものため
　のコミュニケーション支援法，（株）明石書店
キャロル・グレイ編著・服巻智子監訳・大阪自閉症研究会編訳（2005）：ソーシャル・ストーリー・ブッ
　ク　書き方と文例，（株）クリエイツかもがわ
三鷹市ホームページ（2008）：みたか・かんなみ「防犯かるた」
　　https://www.city.mishima.shizuoka.jp/ipn004761.html
文部科学省　小学校学習指導要領（平成29年告示）
文部科学省　小学校学習指導要領（平成29年告示）解説
　　　　　　　総則編・特別の教科道徳編・特別活動編（平成29年7月）
文部科学省　特別支援学校小学部・中学部学習指導要領（平成29年告示）
文部科学省　特別支援学校学習指導要領（平成29年告示）解説　自立活動編（平成30年3月）
宮﨑英憲監修・齋藤忍著（2019）：特別支援教育の視点で考える新学習指導要領ポイントブック，（株）
　ジアース教育新社
長崎市「予防救急（ケガや病気の予防対策）」「消防かるた」
　　https://www.city.nagasaki.lg.jp/bousai/220000/225000/p032814.html
ＮＨＫ（2008）：ＮＨＫ学校放送　みてハッスル☆きいてハッスル　どうする？ゆうきくん～LD・
　ADHD児童「特別支援教育」のために～，日本放送出版協会
特別支援教育士資格認定協会（2007）：S.E.N.S養成セミナー特別支援教育の理論と実践Ⅱ指導，（株）
　金剛出版
一般財団法人特別支援教育士資格認定協会（2018）：S.E.N.S養成セミナー特別支援教育の理論と実践
　〔第3版〕Ⅱ指導，（株）金剛出版
上野一彦・岡田智編著（2006）：特別支援教育〔実践〕ソーシャルスキルマニュアル，明治図書出版（株）

おわりに

　今回、本書をまとめるにあたり、現職時代に作成した数多くの実践事例を引っぱり出して整理していると、とても不思議な感覚に襲われました。筆者の頭の中で、かつての教え子たちが動き回っているのです。ある子は泣いていて、ある子は沈んでいます。また、ある子は、怒りをなんとか抑えようと手をグーにして歯を食いしばっています。CD-ROMのワークシートにある「しの助劇場」のシナリオは、全て本人・保護者・学級担任の相談から生まれており、どのエピソードにも本当の「主人公」が存在しています。一つ一つのシナリオを読み返すと、当時の子どもたち一人一人の顔が、はっきりと浮かんでくるのです。

　実際には、今回 CD-ROM に収録した事例の倍近い実践がありましたが、様々な事情を考慮し、事例を絞っています。つまり、SST の題材は子どもたちの数だけ存在し、子どもたちは、日々、「どうしてうまくいかないの?」と悩みながら生きています。子どもたちの生活の場である学校は、子どもたちにとっての生きた題材であふれているのです。これらのシナリオを現場の先生方が目にしたとき、きっと、「私が担任している○○さんにも、こんなエピソードがあったなあ」と思われることと思います。ぜひ、学級やお子さんの実態に合わせて手を加え、日々の指導に活用していただくとともに、本書が先生方の実践のヒントとなり、先生方の学級から、新たな SST が生まれることを祈っています。

　泣いたり、沈んだり、怒っていた子どもたちが、私の頭の中で笑顔になり、「先生、またSST やろうね～!!」「先生!来週も、また来るね～!!」と手を振って帰っていきます。ライフステージが変わる度に、新たな課題にぶつかっても、小学校時代に経験した SST が、彼らに自信と勇気を与えています。本書を通して、先生方が出会われるたくさんの子どもたちにも、笑顔が届くことを願ってやみません。

　最後になりましたが、多くの SST のアイディアを授けてくださった子どもたちとその保護者に、この場をお借りし心より御礼申し上げます。また、本書をまとめるにあたり、多大なるお力添えをくださいました、ジアース教育新社の加藤勝博社長、市川千秋様、そして、特別支援教育ゼミ生の佐々木友里さんに、心より感謝申し上げます。

2022 年 3 月

齋藤　忍

【著者プロフィール】

齋藤　忍　（さいとう　しのぶ）
　　　　発達支援室ひだまり　室長
　　　　公認心理士・特別支援教育士
　　　　福島県内の小学校にて、通常の学級、特別支援学級、通級指導教室を担当。
　　　　福島県養護教育センター（現　福島県特別支援教育センター）指導主事を務める。
　　　　福島県三春町における取り組みを基に、『地域支援ネットワークに支えられた特別支援
　　　　教育―ユニバーサルデザインの考えによる分かる・できる・楽しい授業づくり―』（ジ
　　　　アース教育新社，2013年）を共著出版。第44回博報賞文部科学大臣奨励賞（特別支
　　　　援教育部門）を受賞。
　　　　十文字学園女子大学人間生活学部児童教育学科 兼 次世代教育推進機構特別支援教育セ
　　　　ンター 准教授（2020年3月まで）を経て、2021年より「発達支援室ひだまり」を開業。

【実践協力者】
　　　　十文字学園女子大学人間生活学部児童教育学科
　　　　平成30・令和元年度特別支援教育ゼミ生　佐々木友里

三春小学校の桜

表紙デザイン	宇都宮政一
本文・教材イラスト	本町かずこ
	みふねたかし（いらすとや）

特別支援教育の視点で考える
新学習指導要領ポイントブック２
ソーシャルスキルトレーニング（SST）ワークシート集

2022 年 3 月 6 日　初版第 1 刷発行

監　　修　宮﨑　英憲
　著　　　齋藤　忍
発 行 人　加藤　勝博
発 行 所　株式会社ジアース教育新社
　　　　　〒 101-0054　東京都千代田区神田錦町 1-23　宗保第 2 ビル
　　　　　TEL：03-5282-7183　FAX：03-5282-7892
　　　　　E-mail：info@kyoikushinsha.co.jp
　　　　　URL：https//www.kyoikushinsha.co.jp/

DTP　株式会社彩流工房
印刷・製本　三美印刷株式会社

© Shinobu Saito 2022, Printed in Japan
ISBN978-4-86371-617-9